Christian Schmid
Chäferfüdletroche

Christian Schmid

Chäferfüdletroche

Redensarten- und Wortgeschichten

Cosmos Verlag

.

© 2023 by Cosmos Verlag AG, Muri bei Bern
Lektorat: Roland Schärer
Umschlag: Stephan Bundi, Boll
Satz und Druck: Merkur Druck AG, Langenthal
Einband: Schumacher AG, Schmitten
ISBN 978-3-305-00502-4

Das Bundesamt für Kultur unterstützt
den Cosmos Verlag mit einem Förderbeitrag
für die Jahre 2021–2024

www.cosmosverlag.ch

Inhalt

Wortgrübeleien

Mit unserer Sprache nehmen wir von der Welt, in der wir leben, Abstand. Wir lassen, was wir mit den Sinnen aufnehmen, ganz selten an uns heran, vielleicht in Momenten des Überwältigtseins, der Selbstvergessenheit und grosser Angst. In Momenten der Sprachlosigkeit. Normalerweise schicken wir alles, was wir wahrnehmen, in einen geistigen Umkleideraum, in dem wir das Wahrgenommene vereinfachend kostümieren, trennen, ordnen, zuordnen, in Beziehung setzen und verbinden mit Hilfe von Kategorien, die uns unser Sprachvermögen zur Verfügung stellt. Wir symbolisieren die Welt.

Das hat den grossen Vorteil, dass wir im Raum der Sprache über die Welt verfügen und planen können, ohne dass uns ihre Wirklichkeit ganz vereinnahmt. Das hat den grossen Nachteil, dass wir uns der Welt enthoben fühlen und oft nur noch verstehen wollen, was uns, aber nicht der Welt und uns von Nutzen ist. Dabei vergessen wir, dass wir aus demselben Material bestehen wie unsere ganze Ökosphäre, dass wir atmen, trinken und essen müssen, damit wir sprechen und denken können.

Sprache ist ein mächtiges Gut des Menschen, aber je älter ich werde, desto drängender stellt sich mir die Frage, ob sie wirklich gut ist. Ob wir sie nicht unablässig brauchen, um unserer Körperlichkeit zu entfliehen. Unsere Religion, unsere traditionelle Philosophie preisen den Geist, den Körper verachten sie. «Am Anfang war das Wort»: So beginnt das Johannes-Evangelium. Am Anfang war nicht das Wort, am Anfang waren Cyanobakterien und dann Pflanzen, die jene Atmosphäre schufen, welche überhaupt aerobes Leben ermöglicht. Das Wort wird vielleicht am Ende sein, wenn elektronische Geräte in einer menschenleeren Welt vor sich hin plaudern.

Manchmal nähere ich mich einem Baum, ohne ihn mir mit dem Gedanken «das ist ein Baum» als Exemplar einer abstrakten Kategorie zu entrücken. Ich versuche, mich auf dieses Wesen einzulassen, zu sehen, wie es gewachsen ist, wie es sich anfühlt, welche Farben es hat, wie es duftet, was auf ihm krabbelt und flattert, wie es zu seinen Nachbarn steht, nur um zu merken, wie sehr mich meine Sprache im Griff hat. Wie sie mir unablässig Wortkrücken hinhält: *Wurzel, Stamm, Rinde, Ast, Zweig, Blatt,* damit ich dieses prächtige Exemplar, das in seiner ganzen Einmaligkeit da ist, zerlegen, damit ich es ordnen, einordnen und in Beziehung bringen kann.

Im Garten, den ich mit meiner Frau seit einigen Jahren bewirtschaften darf, habe ich in ersten Ansätzen gelernt, mit Bäumen, Büschen, Gemüsepflanzen und dem Boden einen langen Dialog zu führen. Ich habe gelernt, mein Verlangen nach einer gewissen Ordnung und die Entfaltung der Pflanzen so aufeinander abzustimmen, dass wir den schwierigen Jahren der Klimazerrüttung gemeinsam begegnen können.

Damit uns die Sprache nicht beherrscht mit ihren billigsten Billigangeboten, die ganz auf unser Wohlbefinden zugeschnitten sind, sollten wir sie nicht von der Stange nehmen wie einen billigen Anzug, sondern prüfen und uns fragen, ob sie uns passt und ob sie dem, was wir mit ihr sagen, im Rahmen dessen, was der Sprache möglich ist, gerecht wird.

Sprachen haben lange Leben und Wörter, Redensarten, Sprachformeln haben uns interessante Lebensgeschichten zu erzählen. Wortgrübeleien sind deshalb wortgeschichtliche Tauchgänge, die ans Licht zu ziehen versuchen, was halb verborgen in altem Sprachschlick steckt oder von Ablagerungen ganz verdeckt ist. Der Frage *Wo kommt ein Wort her?* kann man sich meistens nur annähern, indem man Belege ausgräbt bis zum ältesten, den man finden kann. Doch die Spur des Wortes, der man folgt, läuft zu anderen Spuren parallel oder kreuzt sie. Andere Sprachen kommen ins Spiel. Ein Knäuel will sich bilden, man versucht, die Fäden in der Hand zu behalten und zu schauen, dass man den Faden der Erzählung nicht verliert, und muss dennoch erkennen, dass sich einiges hinter sprachgeschichtlichen Horizonten verliert.

Ich nähere mich einem Wort wie dem oben beschriebenen Baum. *Wer bist du, wo kommst du her,* frage ich hartnäckig, obwohl es mir seine Bedeutung unter die Nase hält und behauptet, dass ich es kenne. Meistens kennen wir Wörter, Redensarten, Formeln nicht. Wir brauchen sie, weil wir Regeln ihres Gebrauchs so kennen wie der Schachspieler die Regeln seines Spiels. Wortgeschichten verändern unser Sprachspiel nicht, aber sie können unser Sprachbewusstsein schärfen und unsere Freude an der Sprache befeuern.

Wer Wortgeschichten und nicht Wortmärchen erzählt, muss das Erzählte mit Beispielen stützen. Wichtigstes Suchwerkzeug ist das Internet. Noch nie liess sich ein derart umfangreiches Textkorpus durchforsten. Man muss sich nur Zeit nehmen und mit unterschiedlichen Schreibungen und Wortformen spielen, immer und immer wieder. Aber auch ohne grosse und kleine Wörterbücher und Nachschlagewerke aller Art wäre meine Arbeit nicht möglich gewesen. Viele sind heute frei zugänglich im Internet, z. B. deutschsprachige auf «woerterbuchnetz.de», der «Trésor de la Langue Française informatisé» auf «atilf.atilf.fr» und der «Online Etymology Dictionary» auf «etymonline.com».

Oft muss ich Sie mitnehmen bis in die Zeit der Renaissance oder ins Mittelalter, mute Ihnen zu, Beispiele oder kleine Geschichten in älterem Deutsch zu lesen. Vielleicht verstehen Sie nicht gleich alles auf Anhieb, aber die pointierten, saftigen, zuweilen witzigen, zuweilen bissigen und bösen Formulierungen lohnen die kleinen Mühen des Verstehens. Bei einzelnen Wörtern, die man kaum oder nicht versteht, habe ich die Übersetzung in runden Klammern direkt dahinter gesetzt.

Für die meisten Bücher aus der frühen Neuzeit brauche ich Kurztitel, weil die vollständigen Titel ausserordentlich lang sind. Schwimmers «Kurtzweiliger und Physicalischer Zeitvertreiber» von 1676 lautet in seiner ganzen Länge «Kurtzweiliger und Physicalischer Zeitvertreiber / Worinnen bey nahe in die Tausend höchst-anmuthige / nachdenkliche und recht nüzliche Natur-Fragen fleissigst untersuchet / und gründlich erörtert / auch zu Gelehrter und Ungelehrter sonderbarer Ergezzung / netter / reiner und lieblicher Sprach-Übung hochst-gedeylich und behaglich aufgeführet».

In Texten, welche in älterem Deutsch geschrieben sind, kommen Vokale mit übergesetzten Zeichen vor, z. B. $\bar{a}$ und $\hat{\imath}$; sie kennzeichnen lange Vokale. Meine mittelbernische Mundart schreibe ich nach Dieth, d. h. ich schreibe sie lautnah, die kurzen Vokale einfach, z. B. *Chäfer, buggsiere, läschele*, die langen doppelt, z. B. *grooss, Haas, plääre*. Zitierte Mundart schreibe ich so, wie ich sie der Quelle entnommen habe. Auch die zum Teil abenteuerlichen Schreibungen von Internetbeispielen habe ich nicht verändert.

Dank schulde ich zum Schluss Roland Schärer vom Cosmos Verlag für die ausgezeichnet aufmerksame und freundschaftliche Zusammenarbeit. Meiner Frau Praxedis danke ich fürs Mitdenken.

Damit entlasse ich Sie in das Buch und wünsche, dass Sie sich «bei netter, reiner und lieblicher Sprachübung höchstgedeihlich und behaglich» vergnügen!

Abläschele, abluchsen

In seinem eindrücklichen Roman «Alpefisch» von 2020 schreibt Andreas Neeser von Brunner, der Hauptfigur, er habe «de Gaartetisch parat gmacht, won er den Elteren abgläschelet gha het». Andreas Neeser ist ein Aargauer aus dem Ruedertal; er ist in Schlossrued aufgewachsen.

Mir geht es um das Wort *abläschele* «abschmeicheln, abbetteln». Es ist eine Bildung mit der Vorsilbe *ab-* zum Verb *läschele* «überlisten»; seltener sind *erläschele* «durch Schmeicheln oder eifriges Zureden erlangen» und *überläschele* «durch List zu etwas verführen». Schon als Kind habe ich *abläschele* oft gehört. Kam ich mit einem Bonbon nach Hause oder mit irgendetwas, das mir nicht gehörte, fragte Mutter streng: *Wäm hesch daas wider abgläschelet?* Ich mochte das Wort, obwohl es einschmeichelnd tönt, nicht, denn in *abläschele* klang immer Unrechtmässiges mit: Schmeicheln, List oder gar Hinterlist.

Abläschele sagt man nicht nur im Luzern- und im Berndeutschen. Wir finden das Wort auch im «Baselbieter Wörterbuch»: *aplääschele* «listig abnehmen, abluchsen», im «Baseldeutsch-Wörterbuch» von Suter: *ablääschele* «listig abschwatzen, abluchsen», im «Zürichdeutschen Wörterbuch»: *abläschele* «abbetteln», im «Senslerdeutschen Wörterbuch»: *abläschele* «überlisten, im Spiel abnehmen» und im «Simmentaler Wortschatz»: *aabläschele* «mit Schmeicheln abgewinnen».

Das Wort ist recht alt, denn Gotthelf brauchte es wiederholt. So im Roman «Uli der Knecht» von 1846, wo die Meistersfrau zu Uli sagt: «Ich weiss wohl, dass es Meisterleute gibt, welche ihre Dienste betrügen und ihnen den sauer verdienten Lohn abläschlen.» Und in der Erzählung «Hans

Jakob und Heiri oder Die beiden Seidenweber» von 1851, in der Hans Jakob über diejenigen schimpft, die man benutzt, um «uns armen Leuten das Geld abzuläscheln, fast so wie in einer Lotterie, und wenn sie genug haben, gehen sie damit über den Bach». Später hat es Rudolf von Tavel oft verwendet, z.B. im Roman «Der Frondeur» von 1929: «Bevor si wieder ufbroche sy […], isch ds Annelor der nächschte Burefrou es zündtrots Geraniumstöckli ga abläscheln und het's uf ds Grab vo sym Brueder gsetzt.»

Im «Schweizerischen Idiotikon», wo sogar ein Beleg aus einem Spiel von 1606 des Berners Michael Stettler aufgeführt wird, ist *abläschele* dem Wort *Laschele* «Hängemaul, Person mit schlaff herabhängendem Maule; schlampige, plauderhafte Person» zugeordnet. Im «Wörterbuch der elsässischen Mundarten» hat *Laschele* die Bedeutung «Feigling», wohl ausgehend von französisch *lâche* «feige». Wie *Laschele* und *abläschele* miteinander in Beziehung zu setzen wären, ist mir nicht klar, denn *abläschele* hat eindeutig mit *schwatzen* und *schnorren* zu tun. Ich gebe deshalb zu bedenken, dass das Wort auf jiddisch *loschen, laschen, lauschen* «Sprache, Rede, Zunge», wie z. B. in *mamme loschen* «Muttersprache», zurückgehen und über das Rotwelsche in unsere Mundarten gelangt sein könnte. Rotwelsches *loschen, laschen* meint «sprechen». Rotwelsches *laschoren, loscharen, lassoren* «fragen» ist bereits in Ludwig Pfisters «Aktenmässiger Geschichte der Räuberbanden an den beiden Ufern des Mains, im Spessart und im Odenwalde» von 1812 aufgeführt. In Joseph Karl von Trains «Chochemer loschen: Wörterbuch der Gauner- und Diebs- vulgo jenischen Sprache», das in den Jahren 1832/33 neunundzwanzig Auflagen erlebte, finden wir *laschoren, loscharen* «fragen». Im Schwäbischen und im süddeutschen Alemannischen sind die Verben *loschoren* und *ausloschoren* «aushorchen, ausfragen» belegt. Das *r* kann ohne weiteres zu einem *l* werden; dieser

Lautwandel ist sehr bekannt *(peregrinus – Pilger)*. Mit *la-scholen*, ausgehend von *laschoren*, wären wir dann schon ganz nahe bei *läschele*.

Bedeutungsähnlich ist das Wort *abluusse*, das vom alten Verb *luusse* «lauern», mittelhochdeutsch *lûzen*, abgeleitet ist. Es gibt das auf Vorteil lauernde Abschwatzen sehr gut wieder.

Die hochdeutsche Entsprechung zu *abläschele*, *abluusse* ist *abluchsen* «(mit List) wegnehmen, abschwatzen». *Abluchsen* ist wie *erluchsen* von *luchsen* «auf listige Weise herausholen, an sich bringen» oder «auf etwas lauern» abgeleitet. Das Verb ist erst seit dem 18. Jahrhundert belegt, und da schrieb man es uneinheitlich *abluxen*, *abluksen*, *ablugsen* oder *abluchsen*. Frühe Belege, in denen es immer um das Abluchsen von Geld geht, finden wir in Adam Friedrich Kirschs lateinisch-deutschem Wörterbuch von 1714: «einen praf ums Geld schneutzen / abluxen», und in Daniel Schneiders «Vollständiger Hoch-Gräflich-Erbachischen Stamm-Tafel» von 1736: «Tausend Arten und Künste erdenckt man, um uns das Geld abzuluchsen». Im Spiel «So prelt man alte Füchse» von 1777 sagt der Harlekin: «Herr D. Balanzoni ist gar der Gimpel nicht, der sich so 'n fünf-sechs hundert Luisdor abluchsen läst.»

Die unterschiedliche Schreibung hatte unter anderem damit zu tun, dass man sich nicht einig war und bis heute nicht einig ist, woher das Wort stammt. Die Erklärung im «Versuch eines bremisch-niedersächsischen Wörterbuchs» von 1768, die niederdeutsche Wortform *afluksen* «behende weg stehlen» sei ein Frequentativum (Wort, das eine Wiederholung anzeigt) zu niederdeutsch *luken* «ziehen, zupfen», wird im «Kluge» von 2002 noch heute vertreten. Auch Wahrigs «Herkunftswörterbuch» von 2009 erklärt, *abluchsen* «von jemandem etwas durch geschicktes Überreden erlangen» sei über mittelniederdeutsch *luken* «ziehen, zerren, rupfen» auf althochdeutsch *liuhhan* zurückzuführen und fügt an: «Die Herkunft des Verbs *abluchsen* zeigt also keinerlei Verbindung zum *Luchs,* sondern ist eine Beschreibung der Tätigkeit.»

Johann Christoph Adelung behauptet in seiner «Anweisung zur deutschen Orthographie» von 1791, das Wort sei von *lugen* abgeleitet und sollte deshalb *ablugsen* geschrieben werden. Diese Herkunftserklärung teilt niemand mehr.

Viele Wortforscher gehen heute davon aus, dass *luchsen, abluchsen* und *erluchsen* vom Wort *Luchs* abgeleitet sind, das man im 17. und 18. Jahrhundert oft *Lux* schrieb. Dieser Meinung ist auch der Ravensburger Spieleverlag, denn sein Kartenspiel «Abluxxen» ist mit einem Luchs illustriert. *Luchs,* ein Wort westgermanischen Ursprungs, ist wohl nach seinen nachts leuchtenden Augen benannt und gehört deshalb zu indogermanisch *leuk-* «leuchten».

Den Vertretern der Luchs-These gebe ich zu bedenken, dass sich *mit List entwenden wie ein Luchs* oder ähnliche Belege nirgends finden lassen. In Texten wird im Mittelalter und in der frühen Neuzeit immer auf die scharfen Augen des Tiers verwiesen: «ein sehr scharpffes gesicht wie ein Luchs» (1582), «scharpffsichtig wie ein Luchs» (1654), «scharpff sehen wie ein Luchs» (1673), «scharpffe Augen wie ein Lux» (1682) usw. Hendrik Balde schreibt 1715 in seinen «Christlichen Warheiten»:

«Gar wenig seyn / die auff sich selbst ihre Augen wenden. Gegen unseren aignen Fälleren (Fehler) seyn wir blind / da wir hingegen Luxen seyn auff anderer Müsshandlungen.»

Allerdings gilt der Luchs auch als listig. Die Reformatoren Johannes Oekolampad und Huldrych Zwingli behaupten 1528 in ihrem Buch über Luther: «Luter ist listig wie ein Luchs.» Der Basler Sebastian Münster schreibt in seiner «Cosmographei» von 1556: «Luchs ist ein listig Thier» und Hans Sachs (1494–1576) dichtet: «Schaw der Spieler der listig Luchs / So vil Irrweg braucht in dem spiel / Er kan vergebner griflein viel / Die Würffel meisterlich zu knüpffen (betrügerisch brauchen) / Die Kartnbletter merckn und krüpffen (knicken).» Würden sich die Verben *abluchsen, erluchsen, luchsen* auf den listigen Luchs beziehen, wäre es schwierig zu erklären, weshalb sie sich erst ab dem 18. Jahrhundert belegen lassen.

Ach und Krach, Hängen und Würgen

Mit Ach und Krach hat er die Prüfung bestanden, sagen wir, oder *mit Ach und Krach hat sie den Halbfinal* erreicht. Die Redensart *mit Ach und Krach* meint «mit Mühe und Not, gerade noch». Am 18. Dezember 2009 titelt die «Aargauer Zeitung»: «Den Kredit mit Ach und Krach bewilligt», und am 13. Februar 2022 lesen wir auf «srf.ch» unter dem Titel «Liverpool mit Ach und Krach – Milan neu Leader», dass sich der FC Liverpool in einem Spiel zum Sieg geknorzt hat. In der Mundartform *mit ach und chrach* nimmt Jakob Hunziker 1877 die Redensart sogar in sein «Aargauer Wörterbuch» auf.

Ach und Krach ist eine alte Doppel- oder Zwillingsformel mit Endreim. Viele dieser Formeln haben sich im amtlichen oder alltäglichen Sprachgebrauch verfestigt und werden heute noch gebraucht, wie die endreimenden *Stein und Bein, Saus und Braus, Rand und Band* und eben *Ach und Krach*, die stabreimenden, d.h. mit demselben Laut beginnenden *Land und Leute, Haus und Hof, Kind und Kegel* und die reimlosen *Zeter und Mordio, recht und billig* und *Jahr und Tag*.

Bei der Doppelformel *Ach und Krach* verstehen wir den ersten Teil gut, denn wer *ach* sagt, klagt; er meint «Klagen». Wollen wir *Krach* richtig verstehen, müssen wir zurück ins Mittelalter, und zwar in die Mitte des 12. Jahrhunderts. Damals wurde im Kloster St. Trutpert im Münstertal im Schwarzwald das Hohe Lied übersetzt und der Schreiber schrieb, dass wir alle diejenigen hören sollen, «die weinende unde chrachende lident die arbaite», d.h. «die weinend und seufzend Not leiden». Das Verb *chrachen, krachen* meint hier «seufzen». Wir lesen im «Deutschen Wörterbuch», wo *krachen* «seufzen, stöhnen, ächzen» aufgeführt ist, ein Textbeispiel aus dem 16. Jahrhundert, in dem von Kranken gesagt wird, sie «kriechen mit achen und krachen an (ohne) stecken den weg mehr dann sie gehen».

Die ursprüngliche Bedeutung der Doppelformel *Ach und Krach* bzw. *Achen und Krachen* ist demnach «Klagen und Seufzen». Frühe Beispiele finden wir beim süddeutschen Humanisten Sebastian Franck, und zwar in seinen «Paradoxa ducenta octogina» von 1534, in denen gesagt wird, die Sünde sei «ein arger will und widerwill […] wider got / und nichts dann ein ach und krach», sowie in seiner «Chronica des gantzen Teutschen lands» von 1539, wo von falschen Propheten die Rede ist, «deren ach und krach ist / dasss sie vilen gfallen / und ein grosse versamlung anrichten». Hier wird *Ach und Krach* bereits in der übertragenen Bedeutung «grösste Anstrengung, grösstes Bemühen» verwendet.

Auch im 17. Jahrhundert meint der Ausdruck *mit Ach und Krach, Achen und Krachen* meistens «mit Klagen und Seufzen». Conrad Dieterich mahnt in seinem «Ecclesiastes» von 1642: «Es ist dein Geburt warlich nicht mit Lachen / sondern mit Weynen / Achen und Krachen zugangen.» In einem Beispiel aus dem Jahr 1666 ist von jemandem die Rede, der «in Verzweifflung mit ach und krach […] zum Teuffel fahren» wird. Auch in einem Beleg von 1681, in dem von «Vater Saturnus» die Rede ist, «der alters wegen matt und verdrossen ist / und darumb hinden nach zaudern / und mit Ach und Krach bald anstolpern wird», können wir *mit Ach und Krach* mit Fug und Recht als «mit Klagen und Seufzen» verstehen.

Wir stellen fest: Aus den Doppelformeln *Ach und Krach* sowie *Achen und Krachen* mit der Bedeutung «klagen und seufzen» wurde der Ausdruck *mit Ach und Krach* «mit Klagen und Seufzen» entwickelt und daraus ist die Redensart *mit Ach und Krach* mit der übertragenen Bedeutung «mit Mühe und Not, gerade noch» entstanden. Bereits im 16. Jahrhundert ist bei Sebastian Franck die übertragene Bedeutung «grösste Anstrengung, grösstes Bemühen» belegt, welche der heutigen Bedeutung der Redensart *mit Ach und Krach* nahekommt. Im 18. Jahrhundert wird die Doppelformel *Ach und Krach* meistens im Sinne von «Klagen und Seufzen» verwendet. Noch selten kommt die Redensart *mit Ach und Krach* in der Bedeutung «mit Mühe und Not, gerade noch» vor, z.B. im «Staats-Gespräch in dem sogenannten Reich der Todten» von 1746, «nachdem er mit Ach und Krach 3 bis 4000 Mann, aus allerhand Leuten zusammengebracht». Erst im 19. Jahrhundert überwiegt die Redensart in derjenigen Bedeutung, die wir ihr heute geben, z.B. «mit ach und krach wurde der umgefallene Wagen wieder zum Stehen gebracht» (1832), «wir konnten mit Ach und Krach noch ein Plätzchen finden» (1835), «ein schon längst mit Ach und Krach zusammen gesparter und gepumpter Geldtransport» (1852) und im «Sprichwörter-Lexikon» (1877) von Wander: *mit Ach und Krach durchkommen* «mit genauer Noth, z.B. durch das Examen».

Die Form *mit Achen und Krachen* veraltet bereits gegen Ende des 19. Jahrhunderts. Das «Idiotikon von Kurhessen» von 1883 meint zum Wort *achen*, es sei «wenig mehr üblich ausser in der sehr gewöhnlichen Redensart: mit Achen und Krachen»; sehr selten kommt sie heute noch vor, z.B. im «Schmetterling» 2/2009, der Mitgliederzeitung der Partei «Die Violetten – für spirituelle Politik»: «Mit Achen und Krachen kamen 11 Personen.»

Dieselbe Bedeutung wie *mit Ach und Krach* hat heute *mit Hängen und Würgen*. Die Wörter *hängen* und *würgen* können seit dem Mittelalter verwendet werden, wenn es um Leben und Tod geht, sei es im Kampf oder in der Blutgerichtsbarkeit. Sie kommen oft nebeneinander vor, wie 1577 in der «Chronica der Lande zu Holsten» von Johann Petersen, wo von einem Herrscher berichtet wird, der «Galgen und Rad auff richten / hangen und würgen» liess.

18

Wir nehmen den Wörtern ihre ursprüngliche Bedeutung, wenn wir sagen, *sie hat es mit Hängen und Würgen geschafft,* d. h. «mit grösster Mühe, gerade noch». Erklären lässt sich das mit einer älteren Form der Redensart, die *zwischen Hängen und Würgen* lautet und ursprünglich «in einer sehr misslichen Lage» meinte, was den Wörtern *hängen* und *würgen* durchaus angemessen ist. *Zwischen Hängen und Würgen* stammt aus dem Niederländischen, denn da ist *tusschen hangen en worgen* bereits seit dem 17. Jahrhundert belegt. Jean-Louis Arsy übersetzt in seinem niederländisch-französischen Wörterbuch von 1699 *tusschen hangen en worgen* mit «entre la mort et l'espérance – zwischen Tod und Hoffnung». Genauso verwendet sie in einem frühen deutschen Beleg Wilhelm Plaum in seinen «Christ-Catholischen Grund-Wahrheiten» von 1748, den Todeskampf beschreibend, «wan wir werden ligen zwischen hangen und würgen». In diesem Sinn wird *zwischen Hängen und Würgen* noch im 19. Jahrhundert meistens gebraucht, so in den «Volkswirtschaftlichen Monatsheften» von 1878, wo vom Daniederliegen der Gewerbe «in einem Zustande zwischen Hängen und Würgen» die Rede ist. Es ist möglich, dass sich *zwischen Hängen und Würgen* «in einer sehr misslichen Lage» zu *mit Hängen und Würgen* «mit grösster Mühe, gerade noch» entwickelt hat wegen seiner Nähe zu *mit Hangen und Bangen* «mit grosser Angst, voller Sorge» und *mit Ach und Krach* «mit grösster Mühe, gerade noch».

Mit Hangen und Bangen ist übrigens ein verballhorntes Zitat aus Klärchens Lied im dritten Akt von Goethes «Egmont» (1788). Dort heisst es:

«Freudvoll / Und leidvoll, / Gedankenvoll sein; / Langen / Und bangen / In schwebender Pein; / Himmelhoch jauchzend / Zum Tode betrübt; / Glücklich allein / Ist die Seele, die liebt.»

Langen wird hier im Sinn von «verlangen, sehen» gebraucht. Eduard Hanslick schreibt in seinen Kritiken «Concerte, Componisten und Virtuosen der letzten fünfzehn Jahre» von 1886 zu den von Beethoven vertonten Klärchen-Liedern:

«Dem Concertprogramme waren die Texte der Clärchen-Lieder beigedruckt, in welchen wir, wie gewöhnlich, zu lesen bekamen: ‹Hangen und Bangen in schwebender Pein›. Es ist dies ein Druckfehler, der durch seine allgemeine Verbreitung beinahe Bürgerrecht erlangt und die richtige Lesart verdrängt hat. ‹Langen und Bangen› heisst es bei Goethe, der in dem Liede Clärchens durchweg Contraste neben ein-ander stellt: Leidvoll – freudvoll; himmelhoch jauchzend – zum Tode betrübt; ebenso Langen (Verlangen) und Bangen. Die Kürzung ‹Langen› für Verlangen ist echt Goethisch, wenngleich ungebräuchlich, undeutlich; ‹Hangen und Ban-gen› desto volkstümlicher. Sei es nun, dass Beethoven in einer fehlerhaften Goethe-Ausgabe sein ‹Hangen und Ban-gen› schon vorfand, oder ob ihm selbst der Schreibfehler zur Last falle: Thatsache ist, dass seit der unermesslichen Popu-larität von Beethovens Clärchen-Liedern das unrichtige ‹Hangen› überall gesagt und gesungen wird. Es dürfte schwer fallen, diesen Fehler jetzt nach siebzig Jahren aus der Welt zu schaffen; aber ein Fehler, eine ungehörige Abwei-chung vom Goetheschen Texte bleibt es immerdar.»

Theodor Fontane schrieb 1895 das Gedicht «In Hangen und Bangen». Im «Hamburger Abendblatt» vom 11. Januar 2011 lesen wir unter dem Titel «Sprechen Sie Hambur-gisch?»: «*Jüst un jüst,* so eben und eben, mit Müh und Not, mit Hangen und Bangen, nämlich ganz knapp …» – *mit Hangen und Bangen* ist Sprachbrauch geworden und nur we-nige wissen heute noch, dass dahinter Goethes *Langen und Bangen* mit anderer Bedeutung steckt.

Als ob man einen Bettelbuben in die Hölle würfe

Verstehen wir den Wortlaut alter Redensarten richtig? Dafür interessierte man sich bereits vor über 200 Jahren. Das zeigt eine hübsche Geschichte im «Aufrichtigen und wohlerfahrenen Schweizer-Boten» vom 8. Juli 1808:

«Hast du […] nicht wohl selber unter gemeinen Landsleuten die Redensart gehört: Das bschiesst nüt! Es isch ass wenn men ä Bättelbueb i d'Höll abegheiti!

Das Sprüchlein hörte ich oft und dick in Deutschland in Schlössern, in Königsstädten und Kaiserstädten, und das Herz im Leibe wollte mir zerspringen, ob der hochadelichen Unvernunft, und ich dachte an die armen Leute, die Fleisch und Blut haben wie wir, und auch frieren im Winter, und haben kein Holz, und kriegen nichts zu essen, wenn der Mitmensch sich ihrer nicht erbarmt, und ihre Kleinen haben auch guten Apetit – und stammen wir alle doch von Adam und Eva ab. – Siehe, das Kniebiegen kam mich an, und ich konnte in Thränen zerfliessen über der unmenschlichen, unchristlichen Redensart: Das ist so wenig, als wenn ein Bettelbube in die Hölle geschmissen würde.

Aber neulich hat mir der wackere Häfliger in Hochdorf über dieses Sprichwort die Augen eröffnet. Er sagte mir, das Sprichwort laute in seiner Urgestalt eigentlich so: Es ist so viel als wenn man einen Bettler in die Hölle würfe.

Aber lieber Freund, sagte ich, Bettler und Bettelbube ist ja alles eins, wie Spatz und Sperling.

Nicht doch! war die Antwort, denn sieh nur, es giebt eine Art kleiner Fässchen, in denen man den Elsasser Wein holt; diese Gefässe heissen Bättler, wie man's auch in Stalders Idiotikon lesen kann. Wenn nun der Landmann das Unzureichende irgend eines Mittels ausdrücken wollte, so pflegte er zu sagen: das Mittel ist so unzureichend, als ein Bättler voll Wasser, mit dem man das Höllenfeuer auslöschen wollte.»

Redensarten können mitunter recht grob und derb sein, auch wenn sie, wie in diesem Fall, wohl aus der Feder von Geistlichen stammen. Der Erzähler glaubt sich aus seinen etwas larmoyant vorgetragenen Seelennöten erlöst, weil ihm der katholische Pfarrer Jost Bernhard Häfliger aus dem luzernischen Hochdorf erklärt, nicht ein leibhaftiger Bettler sei gemeint, sondern ein Fass, das als *Bättler* bezeichnet wird. Häfligers Geschichte ist wohl falsch. Ein Gefäss oder Fass mit der Bezeichnung *Bettler* finde ich nur im «Deutschen Rechtswörterbuch», das eine schwäbische Quelle aus dem Jahr 1635 zitiert. Im «Idiotikon» und im «Deutschen Wörterbuch» kommt es nicht vor.

Viel wichtiger ist jedoch, dass die älteste Form der Redensart von Luther stammt, und zwar aus der Schrift «An den christlichen Adel deutscher Nation» von 1520. Dort ist nicht von einem Bettler, sondern von einem Teufel die Rede:

«Dan was sie mit ablas / bullen / beichtbrieffen / butterbrieffen / und ander Confessionalibus / haben in allen landen gestolen / noch stelen unnd erschinden / acht ich als flickwerck / unnd gleich als wen man mit einem teuffel in die helle wurff.»

Vom 16. bis ins 18. Jahrhundert wird nur die Luther-Redensart *es ist gleich als wenn man mit einem Teufel in die Hölle würfe* «es ist, nützt, taugt nichts» überliefert. Andere Beispiele findet man erst im 19. Jahrhundert, z. B. in den «Landwirtschaftlichen Blättern für Schwaben und Neuburg» von 1872, wo wir lesen: «Das was der Einzelne auf seinem schmalen Streifen thut, ist meist vergebens, so vergebens wie wenn man, wie man zu sagen pflegt, einen Teufel in die Hölle wirft.» Doch im Ganzen bleibt sie auf Luther beschränkt.

Der Version mit dem Bettler oder Bettelbuben begegnen wir viel häufiger. Der Jesuit Josef Franz von Rodt predigt im Jahr 1680:

«Wann man einem Geitzhalss ein Stuck Gelt oder das gantze Haab und Gut eines armen Waisen hinwirfft / so ist es eben / als wann man einen Bettelbueben in die Höll werffe.»

In Abraham a Sancta Claras «Judas, der Ertz-Schelm» von 1686/95 lesen wir: «Wann ich Kayser wäre, heist es, Ofen (heute Buda, ein Teil von Budapest) wäre mir nichts, gleich so viel, als wann man einen Bettelbuben in die Höll wirfft.»

Und Anton Edler von Klein erklärt in seinem «Deutschen Provinzialwörterbuch» von 1792:

«[Einen] Bettelbuben in die Hölle werfen, etwas ohne merklichen Erfolg verrichten. Z.B. Einem sehr Hungrigen nur sehr wenig Speise geben; einem Verschwender wenig Geld reichen etc. Ist von der Idee hergenommen, dass die Hölle einen grossen Schlund habe.»

Wenig später steht die Redensart im Buch «Mundart der Oesterreicher oder Kern aller ächt österreichischen Phrasen» von 1800: *Das is, als ob ma an Bedlbuam in d'Höll warf,* oder *werfet* «das ist, als ob man ein Bettelkind in die Hölle würfe, es ist nichts daran gelegen.» 1824 ist die während des ganzen 19. Jahrhunderts gut bezeugte Redensart in der Sammlung schweizerischer Sprichwörter von Kirchhofer aufgeführt: *es ist so viel, als ob man einen Bettelbub in die Hölle würfe*.

Die Beispiele machen deutlich, dass nicht ein Fass gemeint ist; *Bettelbub* ist älter und häufiger als *Bettler*. *Bettelbub* und *Bettler* sind vielleicht Hüllwörter. Sie könnten für das von Luther verwendete Tabuwort *Teufel* stehen. Auf vergleichbare Weise verbergen wir den *Tüüfel* hinter *Gugger,* wenn wir sagen: *weiss dr Gugger, hols dr Gugger.* Vielleicht steht *Bettelbub* auch für *Beelzebub*. Denn just Abraham a

Sancta Clara, der in «Judas, der Ertz-Schelm» die Redensart *es ist, als ob man einen Bettelbuben in die Hölle wirft* braucht, schreibt in derselben Textsammlung über knausrige Geistliche, «kein Bettel-Bub / hätte bald gesagt Beelzebub / kan einen Pfenning von ihnen bringen». Mit den Belegen, die vorliegen, lässt sich jedoch weder die eine noch die andere Vermutung beweisen.

Die hübscheste Erklärung liefert jedoch ein Autor, der auf die eingangs zitierte Geschichte von 1808 im «Aufrichtigen und wohlerfahrenen Schweizer-Boten» vom 12. November 1835 antwortet:

«Während ich dieses las, fielen meine Blicke auf die grossen, handbreiten Schneeflocken, welche vor meinem Fenster niederfielen und in unserer, vielleicht auch mancher andern Gegend der Schweiz, wahrscheinlich wegen ihrer fetzigen Gestalt, Bettelbuben heissen. Daraus ergibt sich eine gar viel einfachere, natürlichere, bezeichnendere Erklärung jener sprichwörtlichen Redensart. Sie soll heissen: Das Mittel hilft eben so wenig, als wenn man einen Bettelbuben, d.h. einen grossen Schneeflocken in die Hölle würfe, um vermittelst desselben das Höllenfeuer zu löschen.»

Ich halte diese Erklärung für durchaus glaubwürdig, denn sowohl das «Deutsche Wörterbuch» als auch das «Schweizerische Idiotikon» bezeugen, dass man den grossen Schneeflocken *Bettelbuben* oder *Bettelmänner* sagte. «Es wirft grad Bättelbueben abe», lautet ein Idiotikon-Beleg. Bei Ludwig Laistner lesen wir in «Nebelsagen» von 1879, dass die Luft beim Schneien «von fliegenden Heedenweibern oder Bettelbuben oder Schneegänsen erfüllt gedacht wird».

Altes Eisen

Wir mögen es nicht, wenn wir zum alten Eisen gezählt werden. Wer oder was im Hochdeutschen *zum alten Eisen zählt,* älter *unter das alt Eisen kommt,* in der Mundart *unger ds alt Ise* oder neuer *zum alten Ise ghöört,* ist nicht mehr auf der Höhe der Zeit oder nicht mehr leistungsfähig, kann aus Altersgründen nicht mehr gebraucht werden oder ist nicht mehr attraktiv. Dinge aus Metall, die man *i ds alt(e) Ise gheit* oder *tuet,* wirft man als unbrauchbar weg; das klingt mit, zählt man Menschen und anderes zum alten Eisen. «60+ – zum alten Eisen?» titelt die «Berner Zeitung» am 10. April 2010. «D Purelüt hei no es Wyli di alte Möbel, Trachte, Lieder, Tänz und Brüch in Ehre gha, bis di ‹modärni Zyt› au dette langsam alles zum alte Ise gheit oder zum Gspött gmacht het», klagt der Autor eines Beitrags in der Zeitschrift «Schwyzerlüt» von 1945/46.

Der Begriff *alt(es) Eisen* ist seit dem 16. Jahrhundert schriftlich belegt, z. B. in der «Reformierten Ordnung des Saltzwesens» von Gmünden von 1563, wo ein Kapitel lautet «alt Eisen betreffendt». Der Bezeichnung *Alteisen* begegnen wir ab dem 17. Jahrhundert, z. B. in Matthias Kramers deutsch-italienischem Wörterbuch von 1678: *Alteisen* «Altgerümpel», *Altmetall* ab dem Ende des 18. Jahrhunderts.

Bereits im 17. Jahrhundert taucht die Redensart *unter das alt(e) Eisen kommen* auf in der übertragenen Bedeutung «ältlich, veraltet, unattraktiv sein» und bezieht sich oft auf Frauen, insbesondere die das damalige männliche Denken stark beschäftigende alte Jungfer. Johann Agricola behandelt in seiner «Wund-Artzney» von 1674 die «Sommerflecken», die als «der Weibspersonen ärgster Feind» manches «wolgebildete[…] Weibsbild» so entstellen, «dass sie gar veracht darüber wird / und unter das alte Eisen mit kömt». «Der Teutschen Sprache Stammbaum und Fortwachs» von 1691 führt die Redensart auf: «Die Jungfer gehört under das alte Eisen.» Und der Däne Ludvig Baron Holberg belehrt uns in seinen «Moralischen Gedanken» in der deutschen Übersetzung von 1744, es werde «das Wort Alterthum nur von Sachen und körperlichen Dingen, niemals aber von Personen gebraucht, ausser im Scherz und unter dem Pöbel, da man wol von einer alten Jungfer sagt, sie gehöre unter die Alterthümer oder unter das alte Eisen». Eine Schrift aus dem Jahr 1890 findet eine solche Titulierung ungehörig:

«Nicht schön und nicht fein ist es, wenn man von einem unverheirathet gebliebenen älteren Mädchen, einer alten Jungfer, sagt, sie gehöre nun zum alten Eisen.»

Auch was nicht Mensch oder Sache ist, kann zum alten Eisen gehören. Der Barockprediger Abraham a Sancta Clara vergleicht in «Etwas für alle» von 1699 schlechte Geistliche mit schlechten Schmieden und resümiert:

«In Summa den guten und ehrlichen Schmieden gebührt alles Lob / den gottlosen aber oder die ihr Handwerck verstehen wie der Ochs das Schwebel-Pfeiffen / kan man ihren Nahmen unter das alte Eisen werffen.»

Und 1754 schreibt der Schriftsteller und Staatsmann Johann Michael von Loën: «Dergleichen Moden gehören heut zu Tage unter das alte Eisen.»

Die Redensart hat sich bis heute behauptet: «Menschen über 50 gehören nicht zum alten Eisen» titelt der «Tages-Anzeiger» vom 26. Oktober 2016 und in der «Welt» vom 6. November 2017 lese ich, «wenn man lange vor dem Rentenalter plötzlich zum alten Eisen geworfen wird».

Heute reden wir von *Alteisen,* häufiger von *Schrott.* Das Wort *Schrott* ist eine Nebenform von *Schrot* «abgeschnittenes Stück» und bezeichnet nach «Meyers Grossem Konversationslexikon» von 1905/09 «Abfälle von Guss- und

Schmiedeeisen»; es ist abgeleitet vom Wort *schroten* «schneiden». Wir kennen den *Schrotthändler* und den *Schrotthandel*, denn Schrott ist ein begehrter wiederverwertbarer Rohstoff, und die *Schrottkunst* «Kunstwerke aus Altmetall». Auch *Schrott* brauchen wir bereits in übertragener Bedeutung. Ich kann salopp sagen d*as ist doch Schrott* und meine damit «das ist nichts wert». In Markus Rahaus' Krimi «Das Böse im Watt» von 2022 antwortet Olofsen auf eine unglaubwürdige Geschichte von Viren: «Das ist doch Schrott! Wie soll uns das weiterhelfen?» *Schrott* ist vielfältiger verwendbar als *Alteisen* oder *Altmetall*. Wir können ein Fahrzeug *schrottreif* fahren und dann *verschrotten*. Wir können auch *Schrott reden, erzählen* oder *labern, Schrott hören, Schrott sehen* und *Schrott fabrizieren*. Sogar in einer Redensart kommt *Schrott* vor: *wer den Schaden hat, braucht für den Schrott nicht zu sorgen*, eine scherzhafte Abwandlung von *wer den Schaden hat, braucht für den Spott nicht zu sorgen*.

Amtsschimmel

Amtsschimmel bezeichnet ursprünglich weder ein besonderes Pferd noch in Ämtern auf sich stapelnden Akten wachsenden Schimmelpilz. Auf die richtige Fährte brachte mich in der von Engelbert Kessler herausgegebenen Zeitschrift «Allgemeine österreichische Beamten-Correspondenz» vom September 1864 eine satirische Glosse über die Laufbahn des «Conceptsbeamten»:

«Wie mancher solcher Conceptsbeamten», las ich, «hat es sein ganzes langes Leben lang im Concepte nie weiter gebracht als zum Schimmelreiter. Schimmel aber nennt man in der Bureausprache das Formular, nach welchem einen und denselben Gegenstand betreffende Referate, Erlässe etc. stilisirt werden.»

Der *Schimmelreiter* ist demnach ein Beamter, der streng nach Vorlage oder Vorschrift, eben dem *Schimmel,* eine amtliche Schrift verfasst. Er ist ein pedantischer Vorlagen- oder Formular-Reiter wie ein *Tüpflischiisser* im österreichischen Deutsch ein *i-Tüpferl-Reiter* ist. Eine zweite Stelle in der «Beamten-Correspondenz» vom August 1864 macht deutlich, weshalb diese Vorlage oder Vorschrift *Schimmel* genannt wird. Sie handelt von Anträgen, «welche [...] nach einem Leisten, vulgo Schimmel (similis) bearbeitet werden». *Schimmel,* erklärt uns die Zeitschrift, ist aus lateinisch *similis* «ähnlich, gleich» entlehnt. Laut dem «Wiener Dialektlexikon» von 2007 bedeutet *Schimmel* «Vorlage, Schema, Schablone».

Im heute gebräuchlichen Wort *Amtsschimmel* «übertrieben genaue Handhabung der Dienstvorschriften, Bürokratismus», steckt demnach das aus dem österreichischen Beamtendeutsch entlehnte *Schimmel* «Vorlage, Formular, Vorschrift» und der *Schimmelreiter* ist derjenige, der streng nach diesen Vorschriften vorgeht, auf ihnen herumreitet. Das Duden-Buch «Redewendungen» von 2020 bestätigt diese Herkunftserklärung, fügt jedoch an:

«Andererseits könnte der Ausdruck von der Schweiz ausgegangen sein und sich darauf beziehen, dass die Schweizer Amtsboten früher zu Pferd Akten und Entscheidungen zu überbringen pflegten.»

Die sich hartnäckig haltende Geschichte mit dem Pferd geht zurück auf Melchior Kirchhofer. In seiner Sprichwörtersammlung «Wahrheit und Dichtung» von 1824 versieht er die Redensart *auf dem obrigkeitlichen Schimmel herumreiten* mit folgender Erklärung:

«Die Boten der Eidgenossen, wenn sie in oder ausser dem Lande Geschäfte hatten, ritten ehemals, und zu ihrem Dienste wurden auf öffentliche Unkosten Pferde gehalten. Da nun manche allzugern auf diesen Pferden ritten, so wurden die Markställe abgeschafft, aber das Sprüchwort beibehalten, und der oberkeitliche Schimmel blieb ein Lieblingspferd, das jederzeit gern geritten wurde.»

Diese Erklärung scheint mir arg konstruiert, denn nicht nur die Eidgenossen dürften Amtsakten einst zu Pferd befördert haben und nicht alle obrigkeitlichen Pferde dürften Schimmel gewesen sein. Die Redensart, zu deren Bedeutung Kirchhofer nichts sagt, könnte ebenso gut meinen «auf den obrigkeitlichen Vorschriften herumreiten» oder «vom hohen Ross herunter befehlen wie die Obrigkeit». Doch die Kirchhofer-Geschichte hatte Folgen, denn der erste Beleg für das Wort *Amtsschimmel* stammt aus Josua Eiseleins Buch «Die Sprichwörter und Sinnreden des deutschen Volkes» von 1838: *jederman will den Amtsschimmel reiten*. Und Eiselein verweist auf Kirchhofer, obwohl bei diesem vom *obrigkeitlichen Schimmel* die Rede ist und nicht vom *Amtsschimmel*. Eiselein wird in der Folge häufig zitiert und Kirchhofers Pferdegeschichte kolportiert.

Schieben wir den fragwürdigen Eiselein-Beleg etwas zur Seite, stellen wir fest, dass über das Wort *Schimmel* «Vorlage, Formular, Vorschrift» bereits in der Zeitung «Wiener Katzen-Musik» vom 27. Juni 1848 die hübsche Glosse «Die Schimmel. Ein Stückchen aus der Beamtenwirthschaft» erscheint. Im satirisch-komischen Wochenblatt «Eulenspiegel» vom 25. Januar 1862 lesen wir in der Geschichte «Aus dem Bureauleben», dass der Konzipient Kilser schon am Morgen «einen Schimmel (simile) reitet». Und der früheste nicht auf Eiselein und Kirchhofer zurückgehende *Amtsschimmel*-Beleg aus den «Protokollen der öffentlichen Sitzungen des Gemeinderathes der k.k. Reichshaupt- und Residenzstadt Wien» von 1865 lautet: «Dann müssen auch die Inserate redigirt und nicht nur nach dem alten Amtsschimmel abgefasst werden.» *Amtsschimmel* bezeichnet hier eindeutig eine «Vorlage».

Wo gegen übertriebene bürokratische Hürden angegangen wird, ist vom *Amtsschimmel,* der manchmal sogar wiehert, heute noch die Rede: Die «Aargauer Zeitung» setzt am 9. März 2011 über einen Artikel, in dem es um einen Steinbruch von Jura Cement geht, den Titel «Wider den Amtsschimmel: Bohren ohne Bewilligung?» Der «Schwarzwälder Bote» vom 1. Oktober 2010 berichtete unter dem Titel «Höre den Amtsschimmel wiehern» über neue Abwassergebühren für St. Georgen. Und im «Landboten» vom 13. Februar 2019 wehrt sich Matteo Trivisano gegen rigide Beizenvorschriften unter dem Titel «Petition gegen den Amtsschimmel».

Angsthase

Der *Angsthase* «jemand, der sich oft ängstigt oder feige ist» hat es sogar in die Spieltheorie geschafft als *Angsthasen- oder Feiglingsspiel,* englisch *Chicken Game.* Deshalb titelt «Capital» am 27. Juni 2022 «Putin spielt das Angsthasenspiel beim Erdgas». Die Erklärung zu *Angsthase* in der 24. Auflage des «Etymologischen Wörterbuchs der deutschen Sprache» von 2002 hat am Schluss einen seltsamen Dreh. Sie lautet:

«Vielleicht wie *Hasenpanier* und *Hasenfuss* auf das Stereotyp vom furchtsamen Hasen bezogen. In Anbetracht von niederdeutsch *Bangbüx(e),* das auf eine naheliegende Erfahrung zurückgreift, scheint eine Verwechslung mit (so nicht bezeugtem) *Angsthose* nicht ausgeschlossen.»

Der Artikel ist in mehrfacher Hinsicht nicht richtig. Das Wort *Angsthose* ist sehr wohl bezeugt, und zwar bereits im 17. Jahrhundert. Im 1678 erschienenen Buch «Wunder-Pilulen» des Alchimisten und Glasmachers Johann Kunckel lesen wir, «so wird Vulcanus dem Könige die Angsthosen angezogen […] haben». In Matthäus Wagners «Schwäbischem Ariovist» von 1694 taucht die *Angsthose* sogar zweimal auf im Zusammenhang mit den Franzosen. Einmal steht zu lesen, «wir Frantzosen wurden euch nicht so leichtlich in die Angst-Hosen gejaget haben», wenig später sollen es wiederum nicht die Franzosen sein, «die den Teutschen / insonders den Schwaben / sonderbare Forcht einjagen / oder die Angst-Hosen anlegen können». Ich kenne die Redensarten *öpperem d Angschthosen aalege* «jemandem Angst machen» und *d Angschthosen annehaa* «Angst haben» auch aus dem Berndeutschen. Die *Angschthose* sind in der Mundart schon länger bekannt: Franz Josef Schild erzählt im «Grossätti us 'em

Leberberg» von 1880 von einer Figur namens Sebis, «ass me-n-em churz d'rvor z'Fraubrunne d'Angsthose-n-ag'leit het». Es gibt kein Indiz dafür, dass *Angsthose* aus niederdeutsch *Bangbüx* «furchtsamer Mensch» lehnübersetzt ist, denn alle *Bangbüx*-Belege, die ich auftreiben konnte, sind viel jünger als die ältesten *Angsthosen*-Belege. Auf niederdeutsch *Büx* «Hose» geht übrigens das Wort *ausbüxen* «ausreissen, davonlaufen» zurück.

Nun zum Wort *Angsthase* «furchtsamer Mensch». Der Hase ist ein scheues, ängstliches Tier. Das schreibt bereits Augustinus um 400: *lepus timidus*. Beim Bamberger Renaissancegelehrten Joachim Camerarius dem Älteren in der «Arithmologia ethike» von 1552 ist es der *lepus formidulosus*. Er wird in einem Abschnitt erwähnt, der erklärt, welche Eigenschaften welchem Tier zugeschrieben werden können. Wie die Angst dem Hasen ordnet Camerarius dem Hund als *canis sagax* den Scharfsinn zu und dem Fuchs als *vulpes astuta* die Schlauheit oder List.

Der älteste deutsche *Angsthase*-Beleg, den ich finden konnte, stammt aus dem Jahr 1667. Der Prediger Geminianus Monacensis predigt im «Weeg-Weiser gen Himmel» am vierzehnten Sonntag nach Pfingsten zum Thema «Den Angsthaasen jagen», deshalb kommt das Wort in dieser Predigt gleich vierzehnmal vor. Da heisst es z.B. «ein gebührende Sorg umb das Zeitliche will Christus dem Menschen nicht verbieten, aber die Angsthaasen will er bey uns nicht leyden» und «mit dem Angsthaasen lasst sich nichts guets erjagen». Explizit erklärt Athanasius von Dillingen im «Hortus mysticus» von 1691:

«Der Haass hat unter den Thieren das gröste Hertz / wie der Löw das kleinste / dahero zittert er am gantzen Leib / und wann die Egyptier einen forchtsamen Menschen wolten vorstellen / mahleten sie ein Haasen / und auch wir Teutschen sagen: ist das nicht ein forchtsamer Angst-Haass.»

Angsthase ist ursprünglich ein Wort aus der Gelehrtensprache und ich habe es im 17. Jahrhundert ausschliesslich in geistlichen Schriften gefunden, die *Angsthose* hingegen bei weltlichen Autoren. Das Wort *Angsthase* ist, das zeigen die frühen Belege deutlich, auf den furchtsamen Hasen zurückzuführen. Mit der *Angsthose* kann es nicht in Verbindung gebracht werden.

Viel seltener als dem *Angsthasen* begegnen wir dem *Furchthasen*. Er ist erst seit dem 19. Jahrhundert belegt, z. B. in Ludwig Storchs Roman «Der Freibeuter» von 1834: «Da steht der Furchthase, der Einfaltspinsel, und zittert an allen Gliedern.» Oder in Christian Ludwig Wuckes «Sagen der mittleren Werra» von 1864: «Nun erst ärgerte ich mich, dass ich so ein Furchthase gewesen war.» Auch der seit dem 18. Jahrhundert belegte *Banghase* kommt nicht oft vor. Wir begegnen ihm in Johann Heinrichs von Falkenstein «Thüringischen Chronicka» von 1738: «Die Mayntzische Hunde können nicht beissen, sondern nur bellen, und derjenige, der sich davor fürchtet, ist ein rechter Banghase, oder feiger Mensch.» Und Gustav Freytag bemerkt im dritten Band der «Bilder aus der deutschen Vergangenheit» von 1890, man müsse «kein Banghase sein, sondern allemal ein beständiges standhaftes Herz haben».

Bis heute bekannt ist jedoch der *Schisshase,* der vor Angst die Hosen vollmacht, den man so nennt, weil *Schiss* auch die «Angst» bezeichnet. Die «Augsburger Allgemeine» titelt am 12. Dezember 2013: «Magdalena Brzeska: ‹Ich bin der grösste Schisshase›». Weit verbreitet ist er in den Mundarten der Deutschschweiz. So schreibt Susanne Reinker in ihrem Buch über den Krebs «Kopf hoch, Brust raus!» von 2019: «Ich bin überzeugte Pessimistin und waschechter Schisshas.» Und wir begegnen ihm in einigen Mundartwörterbüchern, z. B. im «Zürichdeutschen Wörterbuch»: *Schisshaas* «ängstlicher Mensch, Angsthase», im «Berndeutschen Wörter-

buch»: *Schyshas, Schyshafe,* im «Obwaldner Mundart-Wörterbuch»: *Schishas* «ängstlicher Mensch, Feigling» und auf
«Bayerns Dialekte online»: *Scheisshoos* «Angsthase, ängstlicher Mensch».

Die Bezeichnung *Hasenfuss* «Feigling, ängstlicher
Mensch» ist seit dem 14. Jahrhundert belegt. Vielleicht hat
sie damit zu tun, dass der Hase bei Gefahr schnell davon-
läuft oder dass man einen Hasenfuss bei sich trug, z. B. um
sich vor aufsässigen, bellenden Hunden zu schützen.
Christoph Fischer berichtet im «Fleissigen Herren-Auge»
von 1696 unter dem Titel «Dass Einen kein Hund anbelle»:
«Albertus Magnus sagt: Wer einen Hasen-Fuss am rechten
Arm gebunden hat». Aus dem *Hasenfuss* hat sich *Hans
Hasenfuss* als Bezeichnung für einen «Feigling» entwickelt. In «Der heilige Born» von 1861 erzählt Wilhelm Raa-
be von Monica, die ihr «Herzchen» an einen «bodenlosen
Hans Hasenfuss, Hans Dampf, Hans Wurst, Hans Lieder-
lich und Hans in allen Gassen» verschleudert hat.

Auch *Hasenherz* bezeichnet den «Feigling». Bartholomäus
Wagner predigt 1605, ein Oberst, Hauptmann oder Fähnrich
soll dem Feind gegenüber «kein Hasen Hertz / sonder ein
Leon Hertz» haben, und im Jahr 1736 tadelt Eusebius a
Sanctus Tiburtius in einer Predigt «dumme Menschen!
forchtsame Hasen-Hertzen ohne Mannhafftigkeit!».

Die Redensart *Hasenpanier ergreifen* «fliehen» bezieht
sich auf den Hasen, der beim Fliehen seinen weissen
Schwanz wie ein Banner oder eben ein Panier zeigt. Heinrich
Bünting erzählt in seinem «Reisebuch uber die gantze heilige Schrifft» von 1585, Gott habe die Feinde der Prophetin
Debora und ihres Hauptmanns Barak mit einem Unwetter
geschlagen, «davon sie erschrocken / das Hasen Bannier
auffgeworffen / und aus dem Felde geflohen sind».

Hase, Furcht und Feigheit sind seit dem Mittelalter un-
trennbar miteinander verbunden.

Artefüfi und Storzenääri

Suchen wir in einem Pflanzenbuch des 18. Jahrhunderts nach der *Schwarzwurzel*, stellen wir fest, dass mit dieser Bezeichnung verschiedene Pflanzen benannt werden: die Grüne Nieswurz, der Echte Beinwell oder die Blutwurz. Was wir heute *Schwarzwurzel* nennen, begegnet uns unter der Bezeichnung *Garten-Skorzenere,* wie im zweiten Band der «Anfangsgründe der theoretischen und angewandten Botanik» (1795) von Georg Adolph Suckow. *Skorzenere* ist entlehnt aus italienisch *scorzonera* «Schwarzwurzel» oder französisch *scorsonère* «Schwarzwurzel». Das Wort geht auf spanisch *escorzonera* zurück, das seinerseits aus katalanisch *escurçonera* entlehnt und eine Bildung zu *escurço* «Viper» ist, weil man den Saft der Pflanze, die man, wie andere Pflanzen auch, als *Vipernkraut* bezeichnete, gegen Giftbisse benutzte.

In einigen Deutschschweizer Mundarten sagte man der Schwarzwurzel noch bis vor einigen Jahrzehnten *Sgarsseneer* oder, ähnlich lautend, aber angelehnt an die Wörter *Storze* «Strunk» und *Ääri* «Ähre», *Storzeneere, Storzeneeri* bzw. *Storzenääri*. Im «Schweizerischen Idiotikon» hat es Belege aus der Innerschweiz, aus dem westlichen Bernbiet und aus der Stadt Basel. Im Buch «Bilder aus dem Basler Familienleben» von 1867 der Dichterin Emma Kron fragt eine Frau: «Wend sie e Gmiesli, e Kehl, Wiiskrut oder Storzenäri?» Auf einem Aquarell des Baslers Eduard Süffert (1818–1876) ruft eine Marktfrau aus dem elsässischen Neudorf (Village-Neuf):

«Kromet Krut oder Köhl oder Gellerübe oder Herdepfel oder Storzenäri oder Blumkehl oder Röslikehl oder Griens oder Ziebele – wend'er nit bitte?»

Im Berndeutschen sagte man der Schwarzwurzel auch *Artefüfi*. Wir finden das Wort im «Berndeutschen Wörterbuch», in Ludwig Fischers «Flora von Bern» von 1888, im Artikel «Pflanzennamen im Kanton Bern» aus dem Jahr 1944 von Gertrud Züricher und in der Kalendergeschichte «Das Lisebethli» aus dem Jahr 1845 von Jeremias Gotthelf:

«Es giebt allerdings in der Stadt Töchterli, welche meinen, man pflanze das Erbsenmuss, es wachse in grossen Kabisköpfen, und solche, denen man Meerrettig für Artefüfi und Sillery für Muskatnuss verkaufen könnte.»

Die Bezeichnung *Artefüfi* leistet einer Erklärung mehr Widerstand. Sie kann laut dem «Simmentaler Wortschatz» auch die Endivie bezeichnen. Das «Schweizerische Idiotikon» vermutet, dass *Artefüfi* aus der Mundartbezeichnung *Andivi* oder *Antivi* für Endivie abgeleitet ist mit einem Lautwechsel von *n* zu *r*. Doch das stellt sich bei genauerer Recherche als falsch heraus. Bereits im «New und vollkommen Kräuter-Buch» von 1613 bemerkt Jacobus Theodorus im Abschnitt über den Bocksbart:

«Die Wurtzel deren mit braunen Blumen / werden sonderlich bey uns in Gärten gepflanzt zur Speise / mit frischer Butter gekocht / und nennens Artifi oder Artififi.»

Laut der «Georgica Helvetica», einem «Eydgnossisch-Schweizerischen Hauss-Buch» aus dem Jahr 1705, bezeichnet *Artivivi* ebenfalls den Bocksbart, den man auch Haberwurzel nannte:

«Der in den Gärten gepflanzte Artivivi oder Bocksbart / ist eine von den guten / und beydes zum Essen und Gesundheit wol-dienliche Wurtzen.»

Macht man sich mit den Wortformen *Artivivi* oder *Artififi* auf die Suche, erfährt man in der «Oeconomischen Pflanzenhistorie» aus dem Jahr 1753 des deutschen Mediziners und Botanikers Balthasar Ehrhart, woher die Bezeichnung stammt:

36

«Sie heissen auch Haberwurzen und kommen in das vortreffliche Habertrank. Nur die Wachsthumsstelle [auf dem freien Feld] unterscheidet sich von der Gattung, die in Kohlgärten als eine angenehme Speise gebauet wird. Da nennen sie einige Artififi, welchen Namen sie von ältesten Zeiten in dem mittägigen Frankreich getragen, und so viel als *arton vivum*, ein lebendiges oder aus der Erde wachsendes Brod, *panis nativus* heissen solle.»

Diese Worterklärung wird bestätigt vom «Deutschen Universal-Conversationslexicon» aus dem Jahr 1837:

«Artifi (Artivivi, arton vivum (tragopogon porrifolius)), Bocksbart, eine Pflanze, die als Gemüse dient und deren Wurzeln (Artifi-, Haferwurzeln) medicinisch benutzt werden.»

In Johann Gottlieb Gleditschs Arzneibuch von 1779 wird *Artefifi* auch *Gauchbrod* genannt, in Samuel Hahnemanns «Apothekerlexicon» von 1793 *Schweinsbrod*. Das Wort *arton* «Brot» ist Kundigen bekannt aus dem griechischen Vaterunser, denn das tägliche Brot heisst dort *ton arton hemon*. Die Mundartbezeichnung *Artefüfi* geht also über *Artivivi* zurück auf *arton vivum*.

Hinzugefügt sei zum Schluss, dass in der Bezeichnung *Artischocke* der erste Teil *Arti-* nicht auf griechisch *arton* «Brot» zurückgeht. *Artischocke* ist entlehnt aus norditalienisch *articiocco*, einer Variante zu italienisch *carciofo*, entlehnt über altspanisch *alcarcofa* aus spanisch-arabisch *al-haršūfa*. Vom 17. bis ins 19. Jahrhundert wurde die *Artischocke*, volksetymologisch umgedeutet, auch *Erdschocke* genannt. In seinem «Herbarium» von 1673 schreibt Thomas Panckow: «Artischocken / Erdschocken / Strobildorn». Andreas Glorez nennt die Pflanze in seiner «Vollständigen Hauss- und Land-Bibliothec» von 1750: «Strobildorn / Welsche Distel / so insgemein Artischock oder Artischoss genennet wird». Die Bezeichnung *Strobildorn* ist in deutschsprachigen Kräuterbüchern älter als *Artischocke*. Leonhart Fuchs beschreibt den *Strobildorn* in seinem in Basel gedruckten «New Kreüterbuoch» von 1543 bereits ausführlich und berichtet, er sei «in kurtzen jaren auss Italia und franckreich zuo uns gebracht worden».

Der erste Teil der Bezeichnung *Strobildorn* ist laut dem «Deutschen Wörterbuch» ursprünglich aus lateinischem *strobilum* «Zapfen der Zirbel» entlehnt, lehnte sich jedoch an das deutsche Wort *Strubel, Strobel* «(wirrer, krauser) Schopf» an, der aus *strubeln, strobeln* «sich sträuben» abgeleitet ist. Dieses Wortelement haben auch die alten Bezeichnungen *Strobelstern* «Komet mit krausem Schwanz» und *Strobeltaube* «Kragentaube mit krausem Gefieder». Wegen ihrer Dornen wurde die Artischocke neben *Strobildorn* auch *Welschdistel* genannt.

Aufpeppen

Wir mögen es, Dinge und unsere Körper nach unserem Geschmack besser, schöner, attraktiver und leistungsfähiger zu machen, wir *peppen* sie *auf*: «Die Dessertkarte aufpeppen» titelt die «Hotellerie Gastronomie Zeitung» vom 23. August 2022. «Blauring St. Sebastian Wettingen» zeigt auf Facebook, wie du «mit Lebesmittelfarbe dini wisse Chleider ufpeppe chasch». In der «Berner Zeitung» vom 7. Mai 2013 sucht jemand «Lämpli, Zwärge, Blüemli usw. woni drmit mi Burehofgarte chli chönt ufpeppe», und auf «de.aliexpress.com» lese ich «Ihre Oberschenkel und Ihr Gesamterscheinungsbild aufpeppen».

Das Verb *aufpeppen* «einer Sache Pep geben, sie effektvoller, wirkungsvoller gestalten» haben wir aus englisch *to pep up* «aufmöbeln, aufmuntern» entlehnt. Englisches *to pep up* ist in amerikanischen Zeitschriften belegt seit den 1910er-Jahren und stammt wohl aus der Soldatensprache des Ersten Weltkriegs. Einen frühen deutschen Beleg finden wir im Band 52 (1967) der Zeitschrift «Sprache der Gegenwart», wo es heisst, *aufpeppen* sei eine «Ableitung von dem in den Modezeitschriften häufig gebrauchten Wort *Pep*». Die Beispiele zu *aufpeppen* sind aus der Modesprache: «das weisse Modell peppten wir mit schwarzen Accessoires auf» und «Hut, den wir mit zarten Blumenstrauss-Bordüren aufgepeppt haben».

Das deutsche Wort *Pep* «Schwung, Pfiff» ist entlehnt aus amerikanisch-englischem *pep,* einer Kurzform von *pepper* «Pfeffer», die seit der Zeit um 1900 belegt ist. Im Jahr 1917 gibt es bereits die Zeitung «Pep» der «Newspaper Enterprise Association» in New York und 1918 ein Buch mit dem Titel «American Pep: A Tale of America's Efficiency». «Etymonline.com» behauptet, dass seit etwa 1850 auch das Wort *pepper* mit der übertragenen Bedeutung «Temperament, Energie» gebraucht wurde. Daraus entstand *to pepper up* «aufbessern», das John Coleman in seinem Buch «Players and Playwrights» von 1890 braucht: «these little expedients to pepper up your popularity – diese kleinen Hilfsmittel deine Beliebtheit aufzubessern». Deutsches *aufpfeffern* mit derselben Bedeutung ist ebenfalls im 19. Jahrhundert belegt, z. B. in Ferdinand Schraders «Buch für Auswanderer in die Vereinigten Staaten von Nordamerika» von 1853, in dem die Rede ist von der «niedern Betrügerei, mit der manche Leute in der alten Welt alte Pferde aufwichsen, aufpfeffern und aufbrennen, um sie als 4jährige zu verkaufen». Wobei zu bemerken ist, dass bei der Rosstäuscherei wirklich Pfeffer verwendet wurde, um Pferde jünger erscheinen zu lassen.

In der deutschen Sprache wird Pfeffer schon um 1900 im übertragenen Sinn verwendet, denn im Band 5 von 1905 des «Schweizerischen Idiotikons» ist *Pfäffer haa* «sehr reizbar sein» und *eim Pfäffer gää* «jemanden körperlich züchtigen» aufgeführt. Den Ausdruck *Pfeffer im Arsch haben* «temperamentvoll sein», in Wanders Sprichwörtersammlung 1873 belegt, kennen wir auch in der Mundart: s*i het Pfäffer im Füdle*. Im Hochdeutschen hat sich daraus, indem man *Pfeffer* durch *Pep* ersetzte, *Pep im Arsch* entwickelt. Wir finden den Ausdruck in Gabrielle Ricks Buch «Blindgänger» von 2020: «Der hat keinen Pep im Arsch!»

In die Duden-Rechtschreibung von 2017 ist bereits das aus dem amerikanisch-englischen *to pimp* entlehnte *pimpen* «effektvoller gestalten» aufgenommen worden. *To pimp* gehört wohl zu *pimp* «Zuhälter», der sich auf Kosten seiner Prostituierten gut ausstaffiert. Aus zugehörigem *to pimp up* ist durch Lehnübersetzung *aufpimpen* «besser, schöner, leistungsfähiger machen» entstanden: «radiofm1.ch» titelt am 26. Juni 2017 «So kannst du dein Zelt aufpimpen» und «zentralplus.ch» am 10. Oktober 2020 «Stadt soll Grillplätze im Zimmereggwald aufpimpen».

Wollen wir uns nicht der eingedeutschten englischen Ausdrücke bedienen, stehen Alternativen zur Verfügung. Heute wieder modisches *aufmotzen* «effektvoller gestalten, zurechtmachen» ist bereits im Mittelalter als *ûfmutzen, ûfmützen* «dekorieren» belegt. Es ist eine Bildung zum älteren Verb *mutzen* «schmücken, putzen». «TeleBärn» titelt am 21. September 2018 «Dank ‹Pimp my Art› Kunst-Klassiker aufmotzen?» und die «Luzerner Zeitung» am 26. Januar 2022 «Wie Unternehmer ihre Zahlen aufmotzen».

Dem seit dem 19. Jahrhundert belegten *aufhübschen* «hübscher machen», das zum Adjektiv *hübsch* gehört und älteres *hübschen* «hübsch machen» verstärkt, begegnen wir im Shakespeare-Stück «Was ihr wollt» in der Übersetzung von Voss aus dem Jahr 1818, in dem Junker Tobi sagt: «Ich will nicht hübscher mich aufhübschen, als ich bin.» Der Wirteverband Basel-Stadt titelt auf seiner Webseite am 24. Oktober 2019 «Basler Regierung will Klybeckquai aufhübschen».

Aufmöbeln «aufbessern, aufmuntern», eine Bildung zu seltenem *möbeln* «ausstatten» – wir sagen meist *möblieren,* entlehnt aus französisch *meubler –, ist* ebenfalls seit dem 19. Jahrhundert belegt. Selten ist *aufmöblieren.* Rolf Reichenau schreibt im Buch «Aus unsern vier Wänden» (1877) vom alten Vaterhaus, «dem es wohltat, sich einmal wieder gründlich ‹aufmöbeln› zu lassen». Das «Handelsblatt» titelt am 22. November 2021 «Wie der Merck-Konzern seine Pharmaforschung wieder aufmöbeln will».

Der jüngste Spross in der Reihe ist wohl das Verb *aufbrezeln* «sich herausputzen», das laut dem Buch «Neuer Wortschatz» von 2004 ein Neologismus der 1990er-Jahre ist. «Der war schuld dran, dass Mama plötzlich so aufgebrezelt rumgelaufen ist», lesen wir in Tessy Haslauers Krimi «Tod im Bayerischen Wald» von 2018. Das Wort hat seine Bedeutung erweitert, denn heute wird es im Sinn von «aufbessern» auch auf Dinge angewandt. Der «Spiegel» titelt am 14. Februar 2008 «Mozilla-Projekte: Wie Firefox das Internet aufbrezeln will» und «it-zoom.de» am 19. Dezember 2016 «Business Intelligence mit KI aufbrezeln».

Ausser Rand und Band

Die Redensart *ausser Rand und Band* ist bei Kinderbüchern beliebt, denn es gibt «Pippi ausser Rand und Band», «Die Paulis ausser Rand & Band», «Ella und ihre Freunde ausser Rand und Band», «Agenten ausser Rand und Band», «Zwei Socken ausser Rand und Band» und «Mori ausser Rand und Band», um nur die neusten zu nennen.

Behaupten wir von jemandem oder etwas, es *gerate* oder *sei ausser Rand und Band,* älter *aus Rand und Band,* dann meinen wir meistens, es «gerate ausser Kontrolle» oder es «sei ausser Kontrolle». «frapp.ch» titelte am 20. August 2022: «Schweizer Parlament ausser Rand und Band». Auf Kinder bezogen braucht man *ausser Rand und Band* auch im Sinne von «ausgelassen, übermütig»: *Beim Herumtollen gerieten die Kinder ausser Rand und Band.* Die Mundartform *us Rand und Band sii* oder *choo* ist im vierten Band des «Schweizerischen Idiotikons» von 1901 aufgeführt. Rudolf von Tavel braucht sie im «Donnergueg» von 1916: «Wo d'Offizier us de Cafés und Privatquartier sy cho z'springe, isch scho alles us Rand und Band gsi.»

Die Redensart stammt laut allen einschlägigen Handbüchern, die eine Erklärung liefern, aus dem Böttcherhandwerk. Dabei wird als Gewissheit ausgegeben, was das «Deutsche Wörterbuch» nur vermutet: *«gewöhnlich heisst es mit einer reimenden formel (die wohl aus der sprache der böttcher stammt) aus rand und band sein, gehen, kommen, geraten».*

Das Duden-Buch «Redewendungen» von 2020 ist sich jedoch sicher:

«Die Wendung stammt aus der Böttchersprache und bezog sich ursprünglich auf ein Fass, dessen Dauben aus dem

Rand, d. h. der Umfassung am Fassboden, und aus den eisernen Fassbändern gekommen sind, das also zusammenfällt.»

Diese Behauptung hält einer genauen Überprüfung nicht stand. Weder die Doppelformel *Rand und Band* noch der Ausdruck *aus Rand und Band* mit der Nebenform *aus Randen und Banden* sind vor 1800 belegt, obwohl der Beruf des *Fassbinders* oder *Fassbenders* seit dem späten Mittelalter nachweisbar ist. Sie fehlen in Johann Leonhard Frischs «Teutsch-Lateinischem Wörter-Buch» von 1741, obwohl er dem «Band, bey den Fass-Bindern» einen ganzen Abschnitt mit vielen Fachtermini widmet. Sie fehlen auch in der ausführlichen Darstellung des Böttcherhandwerks in Peter Nathanael Sprengers «Künste und Handwerke in Tabellen» von 1782.

Der älteste mir vorliegende Beleg, in dem *aus Rand und Band* mit einem Fass in Zusammenhang gebracht wird, stammt aus Carl Conz' «Platos Georgias» von 1867, wo von einem Teil der Seele die Rede ist, «dem die Begierden angehören, der ganz aus Rand und Band gegangen ist, gleichsam ein löcheriges Fass». In der «Gartenlaube» von 1868 ist von einem Fassbinder die Rede, «dem es nicht gelingen wollte, ein Fass, dessen Reifen auseinandersprangen und das aus Rand und Band ging, wieder festzuhämmern».

Die ältesten Belege der Redensart *aus Rand und Band* sind jedoch ein halbes Jahrhundert älter. In Friedrich Ludwig Jahns «Kleinen Schriften» von 1800 sagt ein Begleiter zu Reisenden, dass sie ohne seine Hilfe «aus Rand und Band gekommen» wären. Im selben Jahr schreibt Johannes Scherr in «Heidekraut» von Kräften, «welche die aus Rand und Band gehende Gesellschaft zusammenhalten würden». Johann Matthias Schröckhs «Christliche Kirchengeschichte» von 1812 erwähnt ein Abgeordnetenhaus, «welches nachgerade ganz und gar aus Rand und Band zu gehen begann». Und 1817 lesen wir in Otto Hunzikers «Pestalozzi und Fellenberg» über Pestalozzis Mädcheninstitut: «Seine häufige Abwesenheit brachte nun die Zustände im Institut völlig ausser Rand und Band.»

Wir stehen also vor der seltsamen Beleglage, dass die Redensart *aus(ser) Rand und Band* um 1800 wie aus dem Nichts auftaucht und die erfundene Erklärung, es handle sich dabei um einen Ausdruck aus dem Böttcherhandwerk, Jahrzehnte später nachgeliefert wird.

Tatsache ist, dass die Doppelformel *Rand und Band* in ein Beziehungsnetz ähnlich lautender oder vergleichbarer Doppelformeln gehört, die einander beeinflusst haben könnten. Am ältesten ist seit dem Mittelalter als Rechtsformel belegtes *Hand und Band*. Wer Recht gebrochen hatte, wurde dem Henker *in Hand und Band* «in die Gewalt» gegeben. Das «Deutsche Rechtswörterbuch» führt sechs Belege auf von «den nachrichtern inn ir hand und band» (1514) bis «dem scharfrichter an seine hand und band übergeben» (1723). Die Formel wird in der frühen Neuzeit in den theologischen Diskurs übernommen. Der evangelische Ulmer Pfarrer Johann Heinrich Weyhenmayer schreibt in einer Predigt von 1699: «Ach die Wörtlein Mein / Dein / Ich / Dich / Mich / seynd die Hand und Band / damit wir unsern Jesum mit seinen Gnaden und Gaben zu uns ziehen.» Der katholische Geistliche Martin Dillmayr berichtet 1712 von einem Mann, der Dank der Fürsprache eines Heiligen «von menschlicher Hand und Band» nicht mehr behelligt worden ist. Und der Autor Felix Dahn schreibt im Roman «Gelimer» von 1893: «Vollständig war ihm das siegreiche Heer, waren ihm selbst seine Leibwächter aus Hand und Band entglitten.»

Älter als *Rand und Band* ist auch die Doppelformel *Band und Fugen*. Im Jahr 1702 berichtet Johann Peter Ludewig in «Päpstlicher Unfug wider die Krone Preussen» von einem Brief, in dem «die Wörter ohne Band und Fugen untereinander geworffen» sind. «Verthaidigtes Preussen» von 1703, eine Schrift gegen Ansprüche des Deutschritterordens, behauptet, dass die Beschwerde des Ordens von einem Gehirn «ohne Band und Fugen» verfasst worden sei. Im 19. Jahrhundert erhält die Redensart *aus Band und Fugen gehen* dieselbe Bedeutung wie *aus(ser) Rand und Band sein*: Nach der Wahl Kossuths zum Ministerpräsidenten war in Österreich «die Stimmung der Deutschen, Italiener, Slawen […] eine solche, dass alles aus Band und Fugen gehen zu müssen schien», lesen wir in einem Lexikon von 1852. Und 1868 hört man aus Sachsens Landtag die Frage: «Ist denn dort der Staat aus Rand und Band und Fugen gegangen?» Wir haben neben *aus Band und Fugen gehen* und *aus Rand, Band und Fugen gehen* auch *aus Rand und Fugen gehen*: «Die aus Rand und Fugen gehenden Verhältnisse» werden 1864 in der «Zeitschrift für Protestantismus und Kirche» besprochen und in der Zeitschrift «Globus» desselben Jahres liest man in den «Nachrichten aus dem Yankeelande», es drohe «Alles aus Rand und Fugen zu gehen».

Die stabreimende Doppelformel *Rand und Reif* wird nicht früher als im 18. Jahrhundert nur im Zusammenhang mit Schildern gebraucht: «die zierliche Einfassung mit Rand und Reif» (1791).

Endreimendes *rund und bunt*, älter *rund und bund*: «im Elsass gieng es rund und bund» (1652), «hieruff gieng alles rund und bund ubereinander» (1656), zeigt inhaltlich keine Nähe zu *Rand und Band*.

Am wahrscheinlichsten scheint mir aufgrund der vorliegenden Belege, dass *aus(ser) Rand und Band* im Kontext verschiedener, ähnlich lautender, zum Teil auch erheblich älterer Doppelformeln wie *Hand und Band, Band und Fugen, Rand und Fugen* sowie der Dreierformel *Rand, Band und Fugen* entstanden ist. Die behauptete Verbindung zum Böttcherhandwerk ist leider ein Windei.

Bisch nid ganz Hugo?

In einem Interview vom 14. August 2015 sagte der Basler Fussballer Marco Streller, der eben seine aktive Laufbahn beendet hatte, er sei in den Ferien am Morgen immer noch um sechs Uhr aufgestanden und joggen gegangen. Da habe er sich plötzlich gefragt: «Was machst du da eigentlich? Du gehst joggen in den Ferien, du bist nicht ganz Hugo!» Im Hochdeutschen ist *nicht ganz Hugo sein* ein Helvetismus.

Ich erinnere mich noch gut an die saloppe Redensart *nid ganz Hugo sii* «verwirrt, verrückt, nicht ganz bei Trost sein», die ich in meiner Jugendzeit in Basel in den 1950er- und 1960er-Jahren oft gehört hatte. Heute begegne ich ihr kaum mehr. Aber sie ist im «Senslerdeutschen Wörterbuch»: *du büsch nid ganz Hugo* «dumm, verrückt» und im «Züri Slängikon» unter «spinnst du?»: *Bisch nöd ganz Hugo?*

Wir finden die Redensart auch in der Presse und in Internetforen. Am 18. Dezember 2012 schreibt die «Solothurner Zeitung»: «Er ist nicht ganz Hugo», das ist bekanntlich keine schmeichelhafte Umschreibung für einen Zeitgenossen.» In der Mundartkolumne «Ds verwunschene Chnöi» im «Bund» vom 12. August 2016 erzählt Renée Maria Bellafante, sie schaue in die Wolken und trinke einen Hugo aus Prosecco und Holunderblütensirup. Dann falle ihr, obwohl sie «nümm ganz Hugo» sei, eine Geschichte ein. Der Aperitif Hugo, von dem Bellafante schreibt und in den auch Minzenblätter gehören, soll vom Südtiroler Roland Gruber aus Naturns erfunden worden sein. Auf der Internet-Plattform «rund-ums-baby.de» schreibt eine Userin am 19. Juli 2012, sie finde Hugo keinen guten Namen für einen Knaben, denn ««nicht ganz Hugo sein› bedeutet hier, nicht ganz gescheit zu sein».

Für die Frage *bisch nid ganz Hugo* gibt es in unseren Mundarten viele Alternativen: *bisch nid ganz bbache, bisch nid ganz bi Trooscht, bisch nid ganz dicht, bisch nid ganz gsund, bisch nid ganz gschiid, bisch nid ganz hundert, bisch nid ganz puderet.* Vielleicht ist *bisch nid ganz Hugo* eine Spielform von *bisch nid ganz hundert,* das im «Variantenwörterbuch des Deutschen» als Helvetismus gilt. In einem Chat auf «hitparade.ch» schreibt ein Teilnehmer, er habe als Kind oft in Witzen gehört von einem, «der nicht ganz Hugo war». Er ergänzt: «Gemeint war ‹nicht ganz 100›, also intelligenzmässig nicht der Hellste.»

Doch der Name *Hugo* wird seit längerer Zeit als scherzhafte Verballhornung und in Redensarten verwendet. Hans Georg Meyer schreibt in «Der richtige Berliner in Wörtern und Redensarten» von 1880: «Hugo auch scherzhaft für haut-goût». Das bestätigt Heinz Küpper in seinem «Handlichen Wörterbuch der deutschen Alltagssprache» von 1968:

«Hugo, Geschmack eines Stücks Wild im ersten Stadium der Verwesung; Wildgeschmack. Verdreht aus gleichbedeutendem französischen ‹haut-goût›.»

Das «Wiener Dialektlexikon» behauptet ebenfalls, *Hugo* sei eine Spielform von französisch *haut-goût,* das den süsslichen, strengen Geruch von abgehangenem Wildfleisch bezeichnet, im Französischen im übertragenen Sinn aber auch «anrüchig» meint. Im österreichischen Deutsch gibt es zudem Hugo-Redensarten: *Das ist für den Hugo* meint hier «das ist vergebens, das bringt nichts». Im Film «Muttertag – Die härtere Komödie» von 1993 sagt der Sohn zur Mutter: «Der Muttertag is eh für'n Hugo, bitte.» Man kann im österreichischen Deutsch auch *zum Hugo werden* «nicht mehr ein und aus wissen». In diesem Kontext betrachtet, könnte unsere Redensart *bisch nid ganz Hugo* meinen «bist du nicht ganz abgehangen» und damit eine ähnliche Bedeutung haben wie *bisch nid ganz bbache,* denn beides meint ja «nicht ganz zum Verzehr geeignet». Leider lässt sich das nur vermuten, denn für diesen Zusammenhang gibt es überhaupt keine Belege.

Einen direkten Zusammenhang mit dem Vornamen *Hugo* haben Berner Belege im zweiten Band von 1891 des «Schweizerischen Idiotikons» für *Hugi* mit der Bedeutung «törichter, unbesonnener Mensch»: *e tumme Hugi*. Und im Schwäbischen gibt es die Redensart *mit jemandem Hugoles tun* oder *treiben* «jemanden veräppeln, verarschen». Hermann Wax schreibt in der «Etymologie des Schwäbischen» von 2011 dazu, der 1. April sei der Tag des heiligen Hugo von Grenoble, der Hugotag. Das sei der Tag, «an dem Leute veräppelt werden, an dem Hugoles mit ihnen getan wird». Es gibt keinen Anhaltspunkt dafür, dass *bisch nid ganz Hugo* mit *Hugi* oder dem Hugotag in Verbindung stehen könnte.

Ein besonderer *Hugo* ist jedoch in der deutschen Redensart *das walte Hugo* «(ironisch für) da sei Gott vor, das steht fest, darauf kannst du dich verlassen» gemeint. *Det walte Hugo* kam im Berlin der 1920er-Jahre auf und bezog sich auf Hugo Stinnes. Hugo Stinnes (1870–1924) leitete nach dem Ersten Weltkrieg ein Imperium aus Industrie- und Handelsbetrieben; in seinem Todesjahr war er an 4554 Unternehmen beteiligt. Zu Beginn der 1920er-Jahre sass er auch für die Deutsche Volkspartei im Reichstag. In der 1925 erschienenen Novelle «Kobes» setzte sich Heinrich Mann kritisch mit ihm auseinander; im selben Jahr erschien «Kaufmann aus Mühlheim», ein Hugo-Stinnes-Roman von Nathanael Jünger, der eigentlich Johann Rump hiess. Laut dem «Spiegel» von 1971 ist *das walte Hugo* ein Firmenspruch, den Hugo Stinnes von seinem Vater Hermann Hugo Stinnes geerbt haben soll. *Das walte Hugo* wird heute noch ab und zu verwendet.

Bugsieren und die Endung -ieren

Hin und wieder werde ich gefragt, ob alle Verben mit der Endung *-ieren*, in der Mundart *-iere*, aus dem Französischen entlehnt sind. Bei dieser Frage fällt mir immer *bugsieren* ein, das ich heute kaum mehr höre. Laut dem Duden-Buch «Die deutsche Sprache» von 2014 ist *bugsieren* umgangssprachlich und meint «mit Geschick, List, Mühe von einem Ort irgendwohin bringen, befördern». In der Mundart wurde es, soweit ich mich erinnere, immer in Verbindung mit Ortsadverbien oder mit Vorsilben wie *use-* oder *desume-* gebraucht, z. B. *dä het eso blööd taa, das si ne hei müessen usebuggsiere* «hinausbefördern», *di het eso ghueschtet u Fieber ghaa, das si se hei i ds Bett buggsiert* «ins Bett geschickt» oder *i la mi doch vo dene nid eso la desumebuggsiere* «herumstossen».

Doch die ursprüngliche Bedeutung ist laut «Die deutsche Sprache»: «ins Schlepptau nehmen, und an eine bestimmte Stelle bringen, schleppen». Mit dieser Bedeutung braucht es Carl Heinrich Merck in seinem «Sibirisch-amerikanischen Tagebuch aus den Jahren 1788–1791»:

«Gegen Abend kamen wir, da sich der Wind fast gänzlich stilte, durch buxieren, bei einem Wohnplatz vor der grosen Bucht vor Anker.»

Bugsieren, älter *buxieren*, seit dem 17. Jahrhundert belegt, ist entlehnt aus der Sprache der Seeleute der frühen Neuzeit. Es bedeutet «ins Schlepptau nehmen». Ins Deutsche kam das Wort aus niederländisch *boegseren* «ins Schlepptau nehmen, schleppen» mit einem *boegseerboot*. Ins Niederländische wurde es aus portugiesisch *puxar* «ziehen, zerren» übernommen, lautlich aber an das Wort *Bug* angelehnt, mit dem es nicht verwandt ist.

Dieses Beispiel zeigt, dass Verben mit der Endung *-ieren,* in der Mundart *-iere* und im Niederländischen *-eren* aus anderen romanischen Sprachen als dem Französischen entlehnt sein können. *Spazieren* zum Beispiel aus italienisch *spaziare* «sich ausbreiten, sich ergehen», *probieren* direkt aus lateinisch *probare* und *bugsieren* über niederländisch *boegseren* eben aus portugiesisch *puxar.*

Sehr viele Verben auf *-iere* in unseren Mundarten sind aus dem Französischen entlehnt: *armiere* aus *armer* «verstärken», *plagiere* «prahlen» aus *blaguer* «hänseln, spassen», *drapiere* aus *draper* «umhüllen, verhängen», *enerviere* aus *énerver* «aufregen, erregen», *futiere* «sich nicht kümmern» aus *foutre* «machen, tun», altes *gunderbiere* «gehorchen» aus *(se) conduire* «sich benehmen», *karisiere* «Zärtlichkeiten austauschen» aus *(se) caresser* «zärtlich sein», *laggiere* aus *laquer* «mit Lack überziehen», *modernisiere* aus *moderniser* «sich der neuen Zeit anpassen, modernisieren», *notiere* aus *noter* «aufschreiben, notieren», *pressiere* aus *(se) presser* «sich beeilen» bis *zitiere* aus *citer* «anführen, zitieren».

Daneben gibt es aber Verbbildungen auf *-iere,* die weder im Französischen noch im Italienischen Vorbilder haben. Zu *Schwadron* «kleinste Einheit der Kavallerie», entlehnt aus italienisch *squadrone,* ist das Verb *schwadronieren* mit den Bedeutungen «umherziehen», «mit dem Degen wild um sich hauen» und «wortreich erzählen» gebildet worden, das im Italienischen kein Vorbild hat. *Drangsaliere* «bedrängen, quälen» geht auf *Drangsal* zurück und ist eine «Französisierung» von älterem *drangsalen* wie *schnabuliere* von *schnable.* Auch *haseliere* «Spass machen», «seinen Zorn laut ausdrücken, poltern» – «ich haseliere drein», sagt ein Narr in einem Lustspiel von 1764 – hat keine erkennbare romanischsprachige Wurzel.

Chäferfüdletroche

Im fünften Band von 1873 des «Deutschen Wörterbuchs» lesen wir, dass man in der Schweiz von sehr zähem Fleisch sage, es sei «trocken wie ein *keferfüdli*». Diese Behauptung stützt sich wegen des sachlichen Zusammenhangs und der Schreibform des Mundartworts wohl auf Titus Toblers «Appenzellischen Sprachschatz» von 1837, in dem unter dem Stichwort «Chèfer» steht: «Im Hinterland und im Kurzenberg pflegt man von sehr trockenem, zähen Fleische zu sagen, es sei so trocha wie a Keferfüdli». Kurz nach dem Beleg von Tobler braucht Jeremias Gotthelf den Ausdruck ebenfalls für Fleisch. Im Roman «Leiden und Freuden eines Schulmeisters» von 1838/39 lesen wir «ds Kreuz-Trini habe der Speck gereut, seine Würste seien trocken wie ein Käferfüdle». Doch so können wir es erst seit 1921 in der von Hans Bloesch betreuten Gotthelf-Ausgabe lesen. In der 1838 in der Wagner'schen Buchhandlung in Bern erschienenen «Schulmeister»-Ausgabe steht «trocken wie ein Käferf…». In der deutschen Ausgabe von 1848, einer «Bearbeitung des Verfassers für das deutsche Volk», «trocken wie ein Sägemehl»; beim «Sagmehl» oder «Sägemehl» bleibt es auch in den weiteren nach Gotthelfs Tod in Deutschland gedruckten Ausgaben aus dem 19. Jahrhundert. Erst in der von Ferdinand Vetter betreuten Schweizer Volksausgabe der Gotthelf-Werke im Urtext von 1898 lesen wir wieder «trocken wie ein Käferf…» und ab 1921 eben «trocken wie ein Käferfüdle».

Ausführlich äussert sich der Idiotikon-Redaktor Friedrich Staub im Buch «Das Brot im Spiegel schweizerdeutscher Volkssprache» von 1868 zu bildhaften Ergänzungen zum Wort «trocken»:

«Brottrocken, brosentrocken bezeichnet in Bayern, Östreich usw. den höchsten Grad von Trockenheit; zwar haben wir diess als eine jener Vergleichungen zu verstehen, welche nur bedingte Wahrheit haben wie z.B. nagelneu u.dgl.; hier ist an die dürr gewordene Brotkrume gedacht; gerade so in dem Bilde, dessen sich die schweizerische Volkssprache dafür bedient, und das, ebenfalls unter der selbstverständlichen Voraussetzung, Naturwahrheit und grosser Anschaulichkeit sich rühmen kann: *troch wie-nes Chäferfüdli,* nämlich wenn dieselben als blosse Schalen unter den Bäumen zu Haufen liegen.»

Chäfer wird im «Schweizerischen Idiotikon» im dritten Band von 1895 behandelt und da ist *troche wie-n-es Chäferfüdli* belegt im Appenzellischen, im Bernbiet, im Glarnerland, im St. Gallischen, im Schaffhausischen und im Zürichbiet. Rudolf Suter erwähnt in seiner «Baseldeutsch-Grammatik» von 1992: *drògge wien e Kääferfüdle* «sehr trocken». Ich kenne zudem noch das aus der Redensart abgeleitete Eigenschaftswort *chäferfüdletroche* «sehr trocken», das ich neben *troche wien es Chäferfüdli* «von ausgedörrten Speisen» auch im «Zürichdeutschen Wörterbuch» finde: *chäferfüdlitroche* «ausserordentlich trocken». Wir begegnen ihm, jenseits der Grenze, zudem im Schwäbischen. Hermann Wax hat *käferfüdlestrocke* «äusserst (brüchig) trocken» in seine «Etymologie des Schwäbischen» von 2011 aufgenommen.

Der in Wien geborene Schweizer Schriftsteller Friedrich Glauser brauchte in seinen Romanen sehr oft Wörter und Redensarten aus den Deutschschweizer Mundarten. In «Krock & Co.» von 1941 sagt Albert in einem Gespräch mit Wachtmeister Studer zu seinem Vater: «Ich glaub, Vatter, dass man auf dem Boden nicht viel Spuren entdecken kann …» Worauf Studer blafft: «Weil er trocken sei wie-n-es Chäferfüdle? Hä?» In einem «Nebelspalter»-Artikel von 1984 sagt ein Vater zu seiner Tochter: «Du, dini Guetzli sind dänn das Jahr käs Meischterwerch, cheibe hert und troche wie-n-es Chäferfüdli!» Und der Vorarlberger Reinhold Bilgeri hat in seinem Roman «Der Atem des Himmels» von 2005 *Chäferfüdle* sogar ins Hochdeutsche übertragen. Eine seiner Figuren sagt: «Trocken wie ein Käferarsch.»

Etwas früher belegt als *troche win es Chäferfüdle* ist *trocken wie Käfers Loch*. Heinrich Zschokke braucht sie in seinem Roman «Addrich im Moos» von 1825: «Aber ihr da, hinter mir, macht mir doch den Becher nass, er ist trocken, wie Käfers Loch.» *Trocke wie s Käfers Loch* «ganz trocken, z.B. Brot» ist auch im «Wörterbuch der elsässischen Mundarten» zu finden, in Melchior Kirchhofers Sprichwörtersammlung «Wahrheit und Dichtung» von 1924: *Es ist so trocken wie's Käfers Loch,* und in Franz Joseph Schilds «Grossätti aus dem Leberberg» von 1864: *'s isch droch wie 's Chäfers Loch*. Das *Chäferloch* ist laut «Schweizerischem Idiotikon» «das Versteck der Küchenschabe». *Käferloch, Chäferloch* ist zudem ein verbreiteter Flurname für Höhlen oder für Vertiefungen, besonders solche, in die man früher Maikäfer entsorgte. Im «Forum Netstal» (2/2009) wird erzählt, dass der Seiler Ludi «in Flugjahren als Maikäfersieder beim Chäferloch in der Hinteren Allmeind» amtete. In jüngster Zeit bezeichnet man die von Borkenkäfern vor allem in Kiefernwäldern befallenen Flächen als Käferlöcher.

Die kürzere Form *käfertrocken* ist erst seit dem 20. Jahrhundert belegt. Im schweizerischen Jahrbuch «Die Ernte» von 1939 schlägt eine Figur in einer Erzählung vor einzukehren und sagt: «So käfertrocken gehen wir heut auf Ehr nicht heim!» Auch der Basler Dichter Fridolin Tschudi braucht sie in einem Gedicht von 1967: «Absolut humorlos, steif und käfertrocken, / ist er pedantisch überall dabei». Im «Simmentaler Wortschatz» von 1991 ist die Mundartform *chäfertroche* «sehr trocken» aufgeführt. Vielleicht ist sie um den Mittelteil *Füdle* erleichtert worden, weil sie so anständiger klingt.

Das Blaue vom Himmel

Das Duden-Buch «Redewendungen» führt drei Redensarten auf mit dem Ausdruck *das Blaue vom Himmel*, nämlich *das Blaue vom Himmel (herunter) versprechen* «ohne Hemmungen Unmögliches versprechen», *das Blaue vom Himmel herunterlügen* «ohne Hemmungen lügen» und *das Blaue vom Himmel herunterreden* «pausenlos (von Nebensächlichkeiten) reden». Im «Zürichdeutschen Wörterbuch» finden wir die Redensart *s Blau vom Himel obenabe verspräche* «viel oder zu viel versprechen» und im «Brienzerdeutschen Wörterbuch» *ds Blaawwa vom Himel abbha verschprächen* «alles Unmögliche versprechen». Im «Rheinischen Wörterbuch» lesen wir *De lüg* oder *schwätz et Bloue vam Hemmel eraf* oder *eronner*.

Das Blaue vom Himmel ist ein seit dem 16. Jahrhundert verwendeter Ausdruck für etwas, das keine materielle Existenz hat, obwohl wir es sehen. Wir können das Blaue vom Himmel nicht handhaben, nicht fassen und nicht brauchen. Deshalb finden wir es in frühen Belegen oft als Bestandteil von Rezepten, die es nicht geben kann, weil die Zutaten nicht fassbar sind. Der in Strassburg tätige Dichter Johann Fischart verwendet es in «Aller Practick Grossmutter» von 1572, einer Spottschrift gegen Kalenderpraktiken und Quacksalbereien, in einem Rezept gegen Keuchhusten: «Das blaw vom Himmel zwey lot / das grün vom Regenbogen vier lot / ein stuck von dem Nebel / das alles mit eim Affenzagel zusammen gebunden ist gut für den blawen husten.» Ein *Affenzagel* ist ein «Affenschwanz», in übertragener Bedeutung der «Schwanz eines Narren». Auch in seiner «Affentheuerlich Naupengeheuerlichen Geschichtklitterung» von 1575/90 verschreibt er gegen das Schwitzen «Harn von der Geiss, den

Glockenklang, unnd was heur der Guckgauch (Kuckuck) sang, das Blaw vom Himmel, und des bösen Gelts schimmel, von der Prucken (Brücke) das getümmel» und vieles mehr. Das «Ambraser Liederbuch» von 1582 verschreibt gegen den Kater: «Recipe (nehme), das blaw vom himmel. Das rumpel von einer alten Brücken. Das Fett von einer Mücken. Ein mässlein schall aus einer trummeten» und andere Zutaten.

Auch im geistlichen Schrifttum kommt *das Blaue vom Himmel* vor. Im Jahr 1589 predigt Lucas Osiander der Ältere gegen die Transsubstantiationslehre des katholischen Theologen Jacob Feucht mit dem Argument, dass Brot und Wein nicht wirklich zum Leib und Blut Christi werden können, wenn der Geschmack von Brot und Wein bleibt. Das wären Eigenschaften ohne Materie und deshalb so unmöglich wie ein Rezept der Art: «Nimm drey Lot blawes vom Himmel / zwey Lot Glockenthon: vier Lot glantz von Sternen / unnd misch es durch einander». *Das Blaue vom Himmel* ist, so gesehen, für den praktischen Gebrauch ein Nichts. Genau das erklärt uns Johann Michael Schwimmer im «Kurtzweiligen und Physicalischen Zeitvertreiber» von 1676:

«Was ist demnach das Blaue vom Himmel? Es ist / sicherlich! ein lauteres Nichts / und dahin zielet das gemeine und bekante Sprüchwort: Er hat das Blaue vom Himmel bekommen; Ingleichen: Er hat das Blaue vom Himmel studiret; Das ist: Er hat nichts bekommen; Er hat nichts studiret; Weil das Blaue vom Himmel in Wahrheit recht Nichts ist.»

In vielen Belegen aus dem 17. Jahrhundert ist *das Blaue vom Himmel* mit *studieren* oder *kriegen* gepaart und meint «nichts». So behauptet Bartholomäus Christel im «Lustigen Sterb-Jahr» von 1690: «Gleich wie man von einem faulen / und hinlässigen Studenten spricht / er studiert das Blaue vom Himmel; also auch vom faul oder wenig arbeitenden Handwerker: dass er das Blaue vom Himmel arbeite.» Und Kaspar Stieler übersetzt in «Der Teutschen Sprache Stammbaum und Fortwachs» von 1691 «das Blaue vom Himmel wirst du kriegen» auf lateinisch mit «ne hilum quidem tuum erit – auch nicht ein Fäserchen wird dein sein».

Andererseits kann *das Blaue vom Himmel* wegen seiner scheinbaren Unendlichkeit auch «zu viel, ausufernd, übermässig» meinen. In Antoine Oudins «Neu- und ausführlichem Dictionarium von dreyen Sprachen» von 1674 ist *das Blawe vom Himmel studieren* auf Französisch übersetzt mit «éstudier trop ardemment, se rompre la teste à éstudier – zu viel studieren, sich mit Studieren den Kopf zerbrechen». So verstehen wir es noch heute, wenn wir sagen *das Blaue vom Himmel versprechen* oder *herunterlügen:* «zu viel versprechen», «zu viel lügen».

Lutz Röhrich erwähnt im «Lexikon der sprichwörtlichen Redensarten» nur die Redewendung *das Blaue vom Himmel herunterlügen* und interpretiert Blau als traditionelle Farbe der Lüge. Damit greift er meines Erachtens zu kurz. Er beachtet nicht, dass sich der Ausdruck *das Blaue vom Himmel (herunter)* mit verschiedenen Verben verbinden lässt und einfach etwas bezeichnet, das man nicht herbeireden, versprechen, fassen oder haben kann. Wie beim Geistlichen Nikolaus Selnecker, der 1568 predigt, falsche Propheten verhiessen «das blaw vom Himmel / die Morgenwolcken / und den Früetaw / das ist / all ir thun ist vergebens / wie ein sprew vom Wind verwehet wird».

Mit dem *Blauen vom Himmel* argumentieren wir heute noch gerne. Auf «horizont.net» lese ich am 13. Januar 2023: «Den Kunden verspricht der CEO von MediaMarkt Saturn Deutschland das Blaue vom Himmel», und im «Stern» vom 15. Januar 2023: «Manipulation ist, wenn man einen Partner hat, der einem gezielt Hoffnung macht, indem er das Blaue vom Himmel runterlügt, dass alles bald besser wird.»

Den Brotkorb höher hängen

Im ersten Band «Lützelflüh» (1905) von Emanuel Friedlis Bärndütsch-Büchern steht im Kapitel «Unser täglich Brot» die Redensart *dr Brotchorb höher häiche* «bei Tisch und in alle Wege einschränken». Wir finden sie auch im dritten Band des «Schweizerischen Idiotikons» von 1893 *eim de Brootchoorb hööcher henke* «sein Essen schmälern, den Broterwerb erschweren»; Cäsar von Arx braucht sie in der Mundartkomödie «Vogel friss oder stirb» von 1940: «Zerscht hänk-em einisch der Brotchorb höcher, denn gitt er d'Milch vo sälber abe.» In der Mundart wird sie heute kaum mehr verwendet und im Hochdeutschen begegnet man ihr auch nur noch ab und zu. Im «Spiegel» vom 13. April 1965 lesen wir: «Noch in diesem Monat wird Westdeutschlands Verbrauchern der Brotkorb höher gehängt», die «Zeit» betitelt am 6. November 1981 einen Artikel über das Dienstrecht mit «Den Brotkorb höher hängen» und die «Augsburger Allgemeine» titelt am 18. Juli 2012 «Juan Carlos hängt den goldenen Brotkorb ein kleines Stück höher». Die Bedeutung ist meist «knapper halten, strenger behandeln».

Im Internet wird oft behauptet, die Redensart habe damit zu tun, dass man vom Mittelalter bis in die neuere Zeit den Brotvorrat in einem Korb oder Gestell an die Decke hängte, damit er für Mäuse unerreichbar war. Diese Erklärung macht keinen Sinn. Man kann das Brotnaschen der Mäuse nicht mehr oder weniger einschränken. Entweder hängt der Korb ausser Reichweite der Mäuse oder nicht.

Die Redensart entstand in einem stark geistlich geprägten Diskurs im 16. Jahrhundert. Erstens wurde hier das Wort *Brotkorb*, lateinisch *panarium*, seit dem 15. Jahrhundert oft gebraucht, auch in Buchtiteln, mit der übertragenen Bedeutung «Nahrung» und «geistige Nahrung»: eine Predigtsammlung von Paul Wann erschien 1514 unter dem Titel «Panarium Pastorale», die deutsche Übersetzung von 1583 einer Schrift Jean Calvins hiess «Der Heilig Brotkorb der heiligen Römischen Reliquien» und Erasmus Gruber nannte seine Zusammenstellung von Luther-Schriften von 1670 «Zwölff Geistliche Brod-Körbe mit allerley heylsamen Bröcklein nutzlicher erbaulicher Materien angefüllet».

Zweitens gibt es die ältere Redensart *das Futter höher schütten, legen* oder *hängen* mit derselben Bedeutung wie *den Brotkorb höher hängen,* nämlich «einschränken, knapper halten». Offenbar ist der Ausdruck, der zur Redensart führte, aus der Pferdezucht entlehnt. Einem mutwilligen Pferd schüttete oder legte man das Futter höher, damit es williger wurde. Bartholomäus Wagner schreibt in seiner «Kinder-Lehr» von 1609: «Wan man dem Pferdt im Stall das Futter höher schütt / oder entzeucht / so vergehet im der Kützel / es vergehet im das springen.» Viele Geistliche vergleichen in ihren Schriften den unfolgsamen Christen explizit mit dem mutwilligen Pferd, wenn sie die Redensart verwenden, z. B. Michael Helding in seiner Predigtsammlung von 1568:

«Der nun ein pferdt hett / das ihm zu willt und mutwillig were / werffe ihn ab und könd nicht mit ihm naher kommen / wann sporn und zaum nicht helffen wolten / so legt er ihm das futter ein wenig höher / biss das es gleich heltig (gut zu halten) und demütig würde. Also ists mit uns auch …»

Auch Sebastian Franck macht den Mensch-Pferd-Vergleich noch explizit, wenn er im «Krieg Büchlin des Friedes» von 1539 schreibt: «Den faulenn Adam mit sporenn reitenn / im zaum halten / dz futter höher schütten.» Den ersten Beleg für die Verwendung der Futter-Redensart ohne Erwähnung eines Pferds finde ich in der Predigtsammlung aus dem Jahr 1567 von Caspar Hubernius: «Er (Gott) muss uns also das Futter höher schütten / auff das wir nicht zu geyl unnd mutwillig werden.» 1570 braucht Christoph Vischer in seiner «Ausslegung der Evangelien» bereits die Brotkorb-Redensart «(Gott) henget uns den brotkorb höher». 1580 mahnt Johann Rhode in «Christliche Bedenken», dass Gott uns «bisweilen dürre abspeiset / und den Brotkorb höher henget», und 1595 behauptet Sebastian Fuchs in der «Geistlichen Kriegsrüstung», weil unser Glaube nicht stark genug sei, «verhawet uns Gott bissweilen die Klawen / verschneidet uns die Nägel / hänget uns den Brotkorb höher / schickt uns den laidigen Schadenfroh den Türcken / zum Zuchtmaister».

Die Redensart *den Brotkorb höher hängen* entstand im geistlichen Diskurs im 16. Jahrhundert und ist eine Verknüpfung der Redensart d*as Futter höher schütten, legen* oder *hängen* mit dem *Brotkorb*-Begriff.

Den Kürzeren ziehen

Karl Grunder schreibt in seinem Erzählband «Göttiwyl» von 1941 von einem «Wetthurnuusset»: «Färn hei d'Göttiwyler müesse der Chürzer zieh; drum heisst es jetz hüür für sche: Der Chifel stelle u der Mähre zum Oug luege, dass sie därung obenuuf chöme.» Die Redensart *dr Chüürzer zie, den Kürzeren ziehen* «unterliegen, benachteiligt werden» ist heute noch gut bekannt. «Als Gastgeber zieht man oft den Kürzeren», lesen wir im «Stern» vom 29. April 2017 und «Warum die USA den Kürzeren ziehen werden» wegen des Handelskriegs mit China in der «Wirtschafts-Woche» vom 12. Oktober 2018.

Die Redensart ist alt und kommt in der älteren Sprache in verschiedenen Formen vor: *den Kurzen ziehen, den Kurzern ziehen, den Kürzern ziehen* und *das Kürzere ziehen*. Die ältesten Belege, die mir vorliegen, stammen aus dem frühen 16. Jahrhundert. Thomas Murner schreibt in der «Narrenbschwerung» von 1512 in Bezug auf ein Gottesurteil: «Ich bsorg du würdest den kürtzern ziehen.» In einem Roman von 1583 über den Helden Amadis aus Frankreich, dessen Geschichten in ganz Europa verschlungen wurden, lesen wir, dass ein geschlagener Ritter «wol ubel zufrieden war / dass er solt erst den kurtzern ziehen / und mit verlust abziehen». Ein Bericht von 1618 behauptet: «In Politischen sachen haben die Evangelischen Ständ allzeit den kürtzern ziehen müssen.» Und der Barockprediger Abraham a Sancta Clara witzelt 1692: «Goliath ist zwar nit so gross gewesen, aber gleichwol viermal grösser als der David, und gleichwol hat der Längere das Kürtzere gezogen.»

Der Redensart, wird erklärt, liege das Losziehen mit ungleich langen Stäbchen, Steinen, Gras- oder Strohhalmen zugrunde, bei dem verliert, wer den Kürzeren oder das Kürzere zieht. Das lesen wir bereits im Buch «Von der glaubigen menschen Berüeffung» von 1526. Dort ist die Rede von einem «ungewissen zuefall der sach / es sey mit stayndlen (Steinchen) / gresslen (Gräslein) / oder halm ziehen». Für Charles Sorel dient das Halmziehen im «Francion» der Gerechtigkeit. In der deutschen Übersetzung «Lustige Historia von dem Leben des Francions» von 1662 heisst es:

«Was die Gerechtigkeit betrift / so sol dieselbe kurtz und gut seyn / so die Sache nicht offenbar ist / so sol man Stroh-Halm drum ziehen / wer es gewinnen sol / oder aber es sol derselbige den Process gewinnen / der der Klügeste ist.»

Und schliesslich lesen wir in der Mundarterzählung «D'r Raffelhans» (1880) von Franz Josef Schild:

«Wenn i d'r Sach' müess 's Hälmli zoge sy, wird d'r Raffelhans wohl 's Chürzere zieh', süsch müesst' me-n-a d'r Grächtigkeit zwyfle.»

Krünitz erläutert in der «Oekonomischen Encyklopädic» von 1792 unter dem Stichwort «kurz», die Redensart sei «von der ehemahligen Art des Losens durch Stäbe von verschiedener Länge entlehnt». Dann fährt er fort:

«Man nimmt nähmlich zwei Holz-Reiser oder Stäbchen, von ungleicher Länge, welche jemand in der Hand halten kann, so, dass nur die beyden obersten Enden gesehen werden, und lässt sie heraus ziehen; Welcher alsdann das kürzere Stück heraus zieht, bekommt den schlechtesten Theil, oder geht leer aus.»

Unterstützt wird diese Interpretation durch die Tatsache, dass man dieser Art des Losziehens auf Französisch seit dem 15. Jahrhundert *tirer à la courte paille,* älter *jouer à courte paille* sagt, das ein Wörterbuch aus dem 17. Jahrhundert mit «Strohhälmlein ziehen» übersetzt.

Den Vogel abschiessen

Aus meiner Kinder- und Jugendzeit sind mir Sätze in Erinnerung geblieben wie *itz het si aber dr Vogu abgschosse* oder *mit däm het er dr Vogu abgschosse* mit der Redensart *dr Vogu abschiesse* «sich vor allen auszeichnen» oder ironisch «sich vor allen andern blamieren». Heute höre ich die Redensart kaum mehr. Man findet sie im «Zürichdeutschen Wörterbuch»: *iez häd er de Vogel abgschosse* «einen Volltreffer gelandet», im «Brienzerdeutschen Wörterbuch»: *de Vogel abschiessen* «alle anderen übertreffen, oft ironisch gemeint» und im «Innerrhoder Dialekt»: *e het de Vogl abegschosse* «er hat den Höhepunkt gesetzt». Christine Kohler braucht die Redensart in einer Kolumne im Buch «Der Himel i dr Glungge» von 1992: «Hei sy mer dür d DDR, u die hei der Vogel abgschosse. Gschlagni drei Stund sy mer im Car a der brüetige Sunne ghocket, bevor mer hei ynechönne.» Am 16. August 2021 berichten die «Vorarlberger Nachrichten» über ein Musikcamp mit Jungbläsern unter dem Titel «Mit Swing den Vogel abgeschossen».

Die Redensart *den Vogel abschiessen* kommt aus der Sprache des Schützenbrauchtums. Hetzel erläutert in seinem Buch «Wie der Deutsche spricht – Phraseologie der volkstümlichen Sprache» von 1896:

«Wer beim Vogelschiessen den Vogel von der Stange schiesst, hat das beste gethan. Wer sich sonst durch eine glückliche That vor allen auszeichnet, von dem sagt man bildlich: Er hat den Vogel abgeschossen.»

Das Vogelschiessen ist ein Schützenbrauch, der über Jahrhunderte sehr gut belegt ist. Auf dem Kupferstich «Vogel-Schiessen» nach einem Bild von Paul Decker aus der Zeit um 1740 sitzt ein hölzerner Vogel auf einer hohen Stange. Drei

Männer zu Fuss, zwei zu Pferd versuchen, ihn mit Pfeil und Bogen abzuschiessen. *Den Vogel abgeschossen* hat derjenige, der den hölzernen Vogel von der Stange schiesst; er ist der Sieger des Wettkampfs oder der König. In der «Historia rerum Prussicarum» von 1599 berichtet Caspar Schütz, dass man bereits im 14. Jahrhundert vor alle Städte einen Baum oder eine Schiessstange aufstellen liess, «da die Bürger mit Armbrüsten nach dem Vogel schiessen sollten». Später wurde das Abschiessen des Vogels ein Schützenwettkampf, den man am Pfingstmontag ausübte. Die «Eilenburgische Chronica» von 1696 berichtet:

«Weiter hinaus auff der so genandten Pfingst-Wiese stehet das […] grosse Schiess-Hauss / und darbey die grosse Vogel-Stange gegen Morgen / allwo die Schützen-Gesellschafft iedes Jahr in der Pfingst-Woche mit ihren stattlichen und starcken Rüstungen den Vogel abschiessen / und darbey frisch Keller- oder Lager-Bier zu schencken pflegen.»

Weil das Schiessen in ein Feiern überging, wurde in der Kirche tüchtig dagegen Stimmung gemacht. In seiner «Visitation» von 1555 schreibt der Reformator Erasmus Sarcerius vom «Vogel abschiessen / auff den Pfingstmontag / darüber sich dan auch ein solch rasseln und spielen / sauffen und schwelgen zutregt / das es sünd und schande ist». Dennoch ist der Brauch lange erhalten geblieben und die Bezeichnung bis heute lebendig, denn das grosse Schützenfest in Coburg heisst bis heute «Coburger Vogelschiessen».

Ein frühes Beispiel für die Redensart *den Vogel abgeschossen haben* «sich vor allen ausgezeichnet haben, gewonnen haben» ist in Christian Weises «Zitauischem Theatrum» von 1683, in dem eine Figur sagt:

«Ich habe einen Sandseiger (Sanduhr) bey mir / da last ein gross Glass herumgehen / wer es am geschwindesten austrincket / dass im Seiger der meiste Sand drinnen bleibet / der mag den Vogel abgeschossen haben.»

Den Vogel abschiessen im Sinne von «sich vor allen auszeichnen, das Rennen machen» finde ich in der «Münchner Zeitung» von 1771, es sei «zu vermuthen, dass die von den Ministern begünstigten Candidaten den Vogel abschiessen werden». Ironisch verwendet wird die Redensart in einem Titel der «Neuen Zürcher Zeitung» vom 12. Dezember 2022: «‹Der Regierungsrat hat den Vogel abgeschossen›: Bürgerliche entrüstet über Teuerungszuschlag für Staatsangestellte». In den Augen der Bürgerlichen hat sich der Regierungsrat mit diesem Entscheid blamiert.

Der Schö, der Schöbi und der Schöberli

Meine Frau Praxedis hat von mir wissen wollen: Habt ihr früher, wenn ihr gefragt worden seid, *wer het daa gmacht –* sie ist eine St. Gallerin – auch antworten können, *de Schöbi* statt *ich?* Klar, sagte ich, mich an Situationen erinnernd, in denen ich als Halbwüchsiger stolz war, etwas fertiggebracht zu haben, und auf die Frage *wär het daas gmacht* selbstbewusst in der dritten Person antworten konnte mit *dr Schö, dr Schöbi, dr Schöbeli* oder *dr Schöberli*. Damit konnte ich mich sprachlich in Pose werfen wie die Französisch Sprechenden, wenn sie einen Satz mit *moi, je* beginnen. *Schö* mit der Bedeutung «ich» ist, so sieht man es gemeinhin, entlehnt aus französisch je.

Geht es um französische Entlehnungen im Schweizerdeutschen, nimmt man den Steiner zur Hand. Im Jahr 1921 veröffentlichte Emil Steiner das Buch «Die französischen Lehnwörter in den alemannischen Mundarten der Schweiz». Das Werk ist umfassend und heute noch unentbehrlich, wenn man ein Lehnwort sucht. Doch zu *Schö* und *Schöbi* bleibt der Steiner stumm. Auch das «Schweizerische Idiotikon» will nichts von ihm wissen; *Schö* wäre im Band acht von 1920. Also, nehme ich an, gab es das Wort damals noch nicht.

Bei den regionalen Mundartwörterbüchern finde ich es nur im «Baseldeutsch-Wörterbuch» (1984) von Suter: «schö *ich, frz. je,* nur mit Artikel: Der Schö macht doo nit mit, *ich mache da nicht mit* (Höschsprache)». *Höschsprooch* nannte man eine Basler Gassensprache, weil diejenigen, die diese Mundartform sprachen, viele Sätze mit der Interjektion *hösch* «hörst du» beendeten: *Bisch zwääg, hösch? Das chasch nid mache, hösch!*

Im Internet finde ich auf «berndeutsch.ch» den *Schö*: «Schö, Schöbi, Schöberli, Bedeutung: Ich; der Schö, der gutmütige Tscholi; ich, der liebe Typ (‹Ig bi doch nid dy Schöbi›; ‹Jaja, der Schöbi machts de scho›)» und den *Schöberli*: «Schöberli m., Bedeutung: damit bin ich (Diminutiv in der dritten Person) gemeint. Aus dem franz.: der ‹je› (oder eben der ‹Schö›). ‹Am Schöberli het das nid passt›: Mir hat das nicht gepasst.» Zudem steht es im «Züri-Slängikon»: «Ich: de Schöbi».

In den 1960er-Jahren gibt es gleich drei Belege. Im ersten von ihnen, in «De goldig Schlössel» von 1964, erzählt der Appenzeller Mundartautor Heinrich Altherr von einem aus einer Gruppe von fünf jungen Männern: «Deer hed bi sine Kollege ‹Schöbeli› ghässe, will er anstatt ‹Ii› all ‹Schö› oder ebe ‹Schöbeli› gsäät hed.» In einer Fussnote wird erläutert, dass *Schö* aus französisch *je* «ich» entlehnt sei. Im Mundarttheaterstück «Bandur & Co.» von 1969 des Stammheimertalers Arnold Peter kalauert Fridel beim Jassen: «Doo lyt s Nüni vom Schöberli, bring du dys Schiltenöberli», und im «Nebelspalter» aus demselben Jahr lautet der Titel eines Gedichts von Werner Sali «Der ‹Schö›». Es ist das Selbstbild eines Prahlers, in dem das Wort *Schö* in jeder der vier Strophen vorkommt, z. B. in der zweiten Strophe: «Wenn so ein ‹Ref› das Spiel versaut, / wer ist's, der auf die Pauke haut? / Der ‹Schö› mit seiner Röhre.»

Dann liegen aus dem Jahr 2017 zwei wichtige Belege vor: Im Roman «Schöbeli ab em Guggisberg» des Berners Alex Gfeller steht der *Schöbeli* im Titel und im Roman «Mein Leben als Hoffnungsträger» widmet der Zürcher Jens Steiner dem *Schöberli* einen kurzen Abschnitt:

«‹Warum nennt sich dieser Schöberli eigentlich Schöberli?›, fragt Mila. ‹Hast du nicht gesagt, er heisse Grashofer?›

‹Grasdorf›, sage ich, ‹Fritz Grasdorf. Schö heisst *ich* auf Französisch, Schöberli ist eine schweizerische Verkleinerungsform davon. Wenn der Schöberli sagt: ‹Der Schöberli geht jetzt einen Happen essen›, meint der Schöberli also nichts anderes als: ‹Ich gehe jetzt einen Happen essen.›»

Die Berufsberner, die *Schö, Schöbi, Schöbeli, Schöberli* gern als typisch Berndeutsch heischen, bitte ich zu beachten, dass die meisten Belege aus der Nord- und Nordostschweiz stammen.

Aber *Schöbi, Schöbel, Schöbeli* sind nicht nur angebliche Verkleinerungsformen von *Schö,* sondern auch alte Familiennamen, abgeleitet aus *Schober* «Heuhaufen» oder *Schübel, Schöbel* «Scholle, Büschel». *Schöbeli* wird als verbreiteter jüdischer Familienname in Süddeutschland bereits in einer Urkunde des 13. Jahrhunderts aus Freiburg im Breisgau und in einer Breisacher Verhörakte von 1348 aufgeführt. In einer Urkunde aus Rheinfelden vom 10. Oktober 1448 ist die Rede von einem «Cuonratt Keller oder Schöberli der galezler und nunnenmacher». Dieser Konrad Keller, der den Übernamen Schöberli trug, kastrierte Schweine.

Leider ist es nicht möglich herauszufinden, wie, wann und wo *Schö, Schöbi, Schöbeli, Schöberli* mit der Bedeutung «ich» in verschiedenen Mundarten auftauchten; die Belege sind zu dürftig. Zu behaupten, diese Bezeichnungen seien direkt von französisch *je* «ich» abgeleitet, ist aufgrund der Faktenlage kühn.

Die Formen *Schöbi, Schöbeli* und *Schöberli,* die im Nominativ immer mit dem bestimmten Artikel *dr* verwendet werden, deuten eher auf den Familiennamen als auf französisches *je.* Man sagt im Französischen nie *le je.* Denkbar wäre also, dass der Familienname die Grundlage dafür war, sich selbst als *dr Schöbi, dr Schöbeli* und *dr Schöberli* zu bezeichnen. Erst die «Entdeckung», dass sich *Schöbi, Schöbeli* und *Schöberli* spielerisch mit französisch *je* «ich» in Verbindung bringen lassen, führte zur Umdeutung der Namen auf *je* und zur kurzen Form *dr Schö,* die kein Name ist. Leider lässt sich auch das aufgrund des spärlichen Materials nur vermuten.

Bezieht man den bairisch-österreichischen Sprachraum mit ein, bekommt die These, dass die Entwicklung vom Familiennamen ausgeht, noch mehr Gewicht. Ein *Schöberl,* die Verkleinerungsform von *Schober,* ist in dieser Sprachform, was im Berndeutschen ein *Schöchli,* ein «eher kleiner Heu- oder Strohhaufen». In der bairischen und österreichischen Küche ist ein *Schöberl* zudem ein kleines Teighäufchen, eine «Suppeneinlage aus gesalzenem, gebackenem Nudelteig». Vom Heu- oder Stroh-*Schöberl* leitet sich der sehr verbreitete Familienname *Schöberl* oder *Schöberle* ab. Im Wiener Dialekt kann man in übertragener Bedeutung sagen *putz di, Schöberl* «hau ab, Mensch», eigentlich: hau ab, du nichtiges Häufchen!

In vielen Texten, Erzählungen, Romanen, Theaterstücken und Glossen, ist *der Schöberl* oder *der Schöberle* eine Figur. Ausdrücke wie «wie Schöberl sagt», der in der ersten Hälfte des 20. Jahrhunderts gut belegt ist, «wie der Schöberl gesagt hat» im Roman «Mord in Bad Vöslau» (2021) von Norbert Ruhrhofer und «steht der Schöberl da» im Roman «Inspektor Pinagls Abenteuer» (1959) von A. Svitavsky (Pseudonym für Leopold Hnidek) sind gang und gäbe. Möglich wäre, dass daraus unser *Schöberli* entstanden und spielerisch auf französisches *je* «ich» umgedeutet worden ist.

Das Beispiel zeigt, dass bei schlechter Beleglage meistens verschiedene Herkunftsgeschichten möglich sind und Vermutungen nicht als Tatsachen ausgegeben werden sollten. Wortetymologie ist in schwierigem, d.h. schlecht dokumentiertem Wortgelände ein heikles Unterfangen.

Doppelformeln und unser Körper

Doppel-, Paar- oder Zwillingsformeln, die seit Jahrhunderten in unserer Sprache von Generation zu Generation weitergegeben werden, dienen meistens dazu, einen Sachverhalt zu verstärken; wir sagen *mit Fug und Recht* statt *mit Recht* sowie *ganz und gar* oder *voll und ganz* statt *ganz.* Oft haben sie einen Stabreim *(klipp und klar, Haus und Hof)*, oft einen Endreim *(Rand und Band, echt und recht)*, manchmal reimen sie sich nicht *(Fug und Recht, recht und billig).* Vielen von ihnen hören wir ihr hohes Alter an, weil sie Wörter enthalten, die wir sonst kaum oder nicht mehr brauchen, wie in *Saus und Braus, gang und gäbe, Kind und Kegel.*

In vielen Doppelformeln kommen Teile unseres Körpers oder der ganze Körper vor. Das ist nicht erstaunlich, denn wir sind mit unserem Körper ein Teil der Welt, die wir von ihm aus wahrnehmen und auf die wir von ihm aus einwirken. Im Recht des Mittelalters und der frühen Neuzeit betrafen viele Strafen den Körper, deshalb sind Doppelformeln wie *Haut und Haar* oder *Leib und Gut* auch Rechtsformeln. Zudem wussten und wissen wir, dass dieser Körper, wie alles in der Welt, vergänglich ist. «Mit Haut und Haar / Augen unnd Ohren / Henden / Füssen / und allen Gliedern» verwese er, predigt Anton Probus im Jahr 1592.

Beginnen wir mit dem Haar. Die aus der stabreimenden Doppelformel *Haut und Haar* gebildete Redensart *mit Haut und Haar(en)* brauchen wir heute im Sinn von «ganz und gar, völlig». Der Züri-West-Sänger Kuno Lauener sagt in einem Interview in der «Berner Zeitung» vom 21. März 2012: «Vatersein verpflichtet, mit Haut und Haar» und «zentralplus.ch» gibt einem Artikel vom 12. Juni 2019 über Zuger Stadträte mit Nebenberufen den Titel «Mit Haut und Haar für die Stadt Zug».

In den ältesten Belegen, die mir vorliegen, bezeichnet man mit der Doppelformel *Haut und Haar* eine Körperstrafe. Man prügelt den Verurteilten und reisst ihm die Haare aus oder schneidet sie ihm ab. Im «Sachsenspiegel» aus dem 13. Jahrhundert ist von «zu hût und zu hâre [richten]» die Rede, in einer Brünner Rechtsquelle aus dem 14. Jahrhundert von «haut und har abslahen». Ausführlich legt die Überarbeitung des «Sachsenspiegels» von Christoph Zobel von 1535/37 fest:

«Ist eine dieberey / welche bey tag geschehen / geringer denn drey schilling werd / so gehet sie zu haut und har / das ist / man schlecht (schlägt) einen darumb zur staupen (am Pfahl) / und windet ihm die har mit einem kluppen oder knebel aus dem heupt.»

Man stelle sich nur mal vor, wie das ist, wenn einem die Haare mit einer Klammer oder einem Knebel aus dem Kopf gewunden werden.

Es stehe einem Hirten nicht zu, dass er «das Schaff mit Haut und Haar verschlinge», belehrt uns Heinrich Salmuth in seiner «Christlichen Erklärung» von 1583. Hier und in vielen anderen frühen Beispielen wird *mit Haut und Haar* verwendet im Sinn von «der ganze Körper». Bereits im 16. Jahrhundert löst sich die Doppelformel von der Vorstellung eines Körpers und wird mit der abstrakten Bedeutung «ganz und gar, völlig» auf anderes übertragen. In den «Tischreden» von 1566 tadelt Luther diejenigen, die für die Kirche nur die Gläubigen schröpfen, sie würden die Kirchengüter fressen «mit Haut und Haar». Und der Barockprediger Abraham a Sancta Clara sagt in «Etwas für alle» (1699–1711), die Tuchscherer seien «mit Haut und Haar nichts nutz / wann sie den Nechsten betrügen und überfortlen».

Aug und Ohr bzw. *Augen und Ohren* betreffen unsere wichtigsten Sinne. In der frühen Neuzeit wussten vor allem die geistlichen Autoren, dass man mit *Aug und Ohr,* aber ohne innere Teilnahme, nicht wirklich bei einer Sache ist. Deshalb sang man in einem Lied aus Johann David Mayers «Geistlicher Seelen-Freud» von 1692: «Heut / heut Herr lass Hertz / Aug und Ohr / Dein Heiligs Wort durchtringen». Und Irenäus Schwendimann predigt 1698 von einem Reichen, er sei in die Kirche gegangen, habe «aber nur die Augen und Ohren mit sich gebracht / das Hertz jederzeit daheimb bey seinen Reichtummen gelassen». Zudem wusste der Dichter Christian Hoffmann von Hoffmannswaldau (1616–1679): «Ein sterblich aug und ohr ist leichtlich zubethören». Und Philipp von Zesen fragte 1649: «Wer hat so süsses sprächen / das aug und ohr verführt?»

Wir brauchen die Doppelformel *Aug und Ohr* heute nur noch in der Redensart *ganz Auge und Ohr sein* «genau aufpassen». «Ein Publikum, das ganz Auge und Ohr ist» lesen wir im «Standard» vom 22. Juni 2001 und «Da geht einer durch die Stadt, ganz Auge und Ohr» im «Tagesspiegel» vom 14. September 2001. Die Redensart ist seit dem 18. Jahrhundert belegt: «sie waren ganz Auge und Ohr» (1780), «alles riss mich hin ganz Auge und Ohr zu seyn» (1782) und «man war schon ganz Auge und Ohr» (1791).

Nun zu Kopf und Hals: In stabreimendem *Kopf und Kragen* meint *Kragen* «Hals» wie in der Sprache des Mittelalters, in der *krage,* älter *chrago,* noch fast durchwegs den «Hals» bezeichnet. So lesen wir im «Tristan», der um 1200 entstand: «im gienc umbe sîn kregelîn ein ketene – um sein Hälschen lag eine Kette». Erst in der frühen Neuzeit ging das Wort allmählich vom Hals über auf das Kleidungsstück, das den Hals bedeckt.

In vielen heute noch gebräuchlichen Redensarten hat *Kragen* die alte Bedeutung: *einen beim Kragen nehmen, einem an den Kragen gehen, einem den Kragen zudrücken, in den Kragen stopfen, bis an den Kragen vollstopfen, den Kragen leeren, Kopf und Kragen riskieren, Kopf und Kragen wetten, sich um Kopf und Kragen bringen, es geht um Kopf und Kragen, Kopf und Kragen kosten, es kann ihm den Kragen kosten, den Kragen aus der Schlinge ziehen.*

Kopf und Kragen mit der Bedeutung «Leben, Existenz» wirkt verstärkend in dem Sinn, dass wirklich alles auf dem Spiel steht, denn beim Kopf allein geht es schon um Leben und Tod. *Kopf und Kragen* ist seit der Zeit um 1650 gut belegt, z. B. «solt es auch kosten kopff und kragen» (1650), «fechten vor Kopff und Kragen» (1685), «weil es mir ohne zweiffel umb Kopff und Kragen zuthun seyn würde» (1685), «es koste auch Kopff und Kragen» (1692), «bey ihrem Kopff und Kragen die Beybehaltung der Neutralität […] versichert» (1715), «Kopff und Kragen lassen» (1741). Heute noch in Gebrauch ist die Redensart *um Kopf und Kragen reden* oder *schreiben*. Der Titel der Kolumne von Urs Meier im «Journal21» vom 27. Februar 2015 lautet «Um Kopf und Kragen geschrieben».

Weil die Bezeichnung *Haupt* für den obersten Teil unseres Körpers älter ist als *Kopf,* könnte man annehmen, dass sich ältere Belege finden lassen mit ebenfalls stabreimendem *Haupt und Hals* oder *Hals und Haupt.* Sie sind jedoch sehr selten. In Hermann Hamelmanns «Oldenburgischer Chronik» von 1599 finden wir den Ausdruck *zu Halss und Haupt absagen* «auf Leben und Tod eine Fehde ankündigen». Hingegen ist *über Hals und Haupt* die ältere Form von heutigem *Hals über Kopf:* «über Hals und Haupt in einen Morast gejagt» (1670), «über Hals und Haupt über die Brucken in die Stadt hinein gejagt» (1688).

Vom Kopf zum Körper: Sehr häufig kommt die stabreimende Formel *Leib und Leben* vor, die wie *Kopf und Kragen* ebenfalls verstärkend wirkt, denn die ältere Bedeutung von *Leib* ist «Leben» wie englisch *life* und schwedisch *liv;* verdrängt wurde es im Neuhochdeutschen vom substantivierten Verb *leben.* Wir begegnen der Formel *Leib und Leben* bereits im späten Mittelalter in Rechtsquellen, z. B. im Urkunden-buch der Stadt Zug 1434: *zuo sinem hals, lib und leben rich-ten* und in der Hochgerichtsordnung von Radolfzell 1480: *ab minem lib und leben richten*. Sie ist ab dem 16. Jahrhundert oft belegt, z. B. «in gefagr (Gefahr) leib und leben geben» (1550), «Leib und Leben umb der Gerechtigkeit und Christi willen frölich daran setzen» (1572), «umb Leib und Leben für Gericht verklagt» (1630), «an Leib und Leben gestraffet werden, Leib und Leben verwircket haben» (1689). *Gefahr für Leib und Leben* ist heute noch eine gebräuchliche Formel in der Rechtssprache.

In der Doppelformel *Leib und Seele* bezeichnet *Leib* den sterblichen und *Seele* den unsterblichen Teil des Menschen oder das Leben und die Seligkeit, zwischen denen es oft zum Streit kommt. Wer, wie in Texten aus dem Mittelalter beschrieben, «lib und sel vertuot» oder «lib und sel in not bringt», setzt sein Leben und seine Seligkeit aufs Spiel. Im Glauben kann man «an Leib und Sel genesen» (1763) oder man wird «an Leib und Sel ernähret» (1746). Heute braucht man *mit Leib und Seele* meistens im Sinn von «mit Begeis-terung und innerer Beteiligung». «Mit Leib und Seele Bauernkind sein» lesen wir im «Schweizer Bauer» vom 24. Juni 2018.

Die Doppelformel *Leib und Gut* «Leben und Besitz» ist sogar im Familiennamen *Leibundgut* erhalten. Seit dem Mit-telalter ist *Leib und Gut* als Rechtsformel reich belegt. Bereits im «Herzog Ernst» aus dem 12. Jahrhundert lesen wir «mit libe und mit guote wil er sich an iuwer gnade lan». In einer bairischen Urkunde aus dem 14. Jahrhundert: «der ist dem gericht schuldich worden leib und guot» oder in einer Basler Chronik von 1475: «Lybs und guotes entfrygen», d. h. vogel-frei erklären. Interessant ist, dass die lateinische Rechtsformel *personis et rebus* im lateinischen Original des Bundesbriefes von 1291 mit *Leib und Gut* auf Deutsch übersetzt wurde.

Leib und Gut wurde oft zur Dreierformel erweitert mit *Blut* und zur Viererformel mit *Blut und Ehre*. Bei Luther lesen wir «Land und Leute, Leib und Gut und Blut darauf setzen» und später «Leib und Gut und Blut in Gefahr setzen» (1748). Im Jahr 1572 beschlossen die evangelischen Städte der Eidgenossenschaft unter dem Eindruck der Bartholomäus-Nacht «lyb, eer, guot und bluot» zu verteidigen und in einem Abschied von 1604 gelobte das Wallis in einem Bündnis mit Mailand «lib, ehr, bluot und guot» daran zu setzen, diese Landschaft zu schützen und zu erhalten. *Gut und Blut* kommt auch vor: «Gut und Blut fur das Gesetz und seine Unterthanen lassen» (1578) und «solt es auch kosten Gut und Blut» (1587).

Schliesslich vom Körper zu den Extremitäten: Was *Hand und Fuss hat,* ist «gut durchdacht, sinnvoll, vernünftig»; «Baulicher Brandschutz mit Hand und Fuss» bietet «promat. ch» an. Ursprünglich bezog sich die Formel auf einen unversehrten, nicht verstümmelten Menschen. Hände und Füsse waren in einer Welt der Handarbeit lebenswichtig, und wer Hand oder Fuss verlor bei einem Unfall, im Krieg oder weil ein Henker eine Extremität abschlug, war schwer gezeichnet. Deshalb bezeichnet *Hand und Fuss* zuerst einmal den ganzen Körper, wie in einem Lied aus dem Jahr 1667: «Hand und Fuss / und gantzer Leib / stets in deinem Dienste bleib» oder «wann ein Feuer ausgeht (ausbricht) / so laufft jederma[nn] / was Händ und Füss hat» in Johann Ludwig Hartmanns «Fluch-Spiegel» von 1673.

Die Redensart *Hand und Fuss haben* mit der Bedeutung «gut durchdacht, sinnvoll, vernünftig sein» heisst in den ältesten Beispielen, die mir vorliegen, *Hände und Füsse haben* und bezieht sich auf Gesprochenes: Andreas Corvinus und Johann Georg Schleder schreiben in ihrem «Fons latinitatis bicornis» (1650) von der «Tapfferkeit / Ansehnligkeit der Rede / wenn man redet / dass es Händ und Füss / oder einen Nachtruck hat». Johann Georg Seybold meint in seinem «Viridarium» von 1677 kurz und bündig: «Es hat Händ und Füss / was der Mann redt.» In Krünitz' «Oeconomischer Encyclopädie» von 1778 begegnen wir bereits der heutigen Form: «Die Sache hat Hand und Fuss, hat Geschick, ist ihrer Bestimmung völlig gemäss.»

Uns gegen etwas *mit Händen und Füssen wehren* können wir in der Sprache seit dem 16. Jahrhundert. Es gibt verschiedene Varianten: Wir lesen im «Theatrum diabolorum» von 1575 «Mit Händen und Füssen wehren», in Georg Nigrinus' «Antichrists Gründtlicher Offenbarung» von 1586: «mit Händ unnd Füssen wehren» und in der «Trostschrift an die betrübten Christen zu Cölln» von 1783: «mit Hände und Füsse wehren» sowie in Georg Wittweilers «Catholisch Haussbuch» von 1683: «mit Händ und Füss wehren».

Die endreimende Doppelformel *Stein und Bein* brauchen wir meistens nur noch in der Redensart *es friert Stein und Bein* «es ist sehr kalt, es ist hart gefroren». Auch in der Mundart können wir sagen *es isch Stei u Bei gfroore*. In der «Frankfurter Allgemeinen Zeitung» vom 13. Februar 2012 lesen wir: «wenn es draussen Stein und Bein friert». Im Roman «Heimisbach» von 1910 erzählt Simon Gfeller: «Es isch Stei u Bei gfrore.» *Bein* meint hier «Knochen». Die Redensart ist seit dem 16. Jahrhundert belegt, und zwar beim Elsässer Jacob Frey in der «Gartengesellschaft» von 1556: «Es was umb sanct Niclaus tag, und was stein unnd bein alles hert gefroren», beim Zürcher Theologen Ludwig Lavater im «Buch Hiob» von 1582: «im Winter da stein und bein gefreürt» und beim Zürcher Philologen Johann Jakob Bodmer in den «Freymüthigen Nachrichten von neuen Büchern» von 1754: «Da waren diese Seen mit Eis überschossen und alles darneben, wie Bein und Stein gefroren.» Stein und Knochen waren im Mittelalter und in der frühen Neuzeit die härtesten natürlichen Materialien, deshalb wurde *Stein und Bein* oder *Bein und Stein* zu einem bildlichen Ausdruck für «hart, Härte». Seit dem 14. Jahrhundert ist der Spruch überliefert: «Die zunge hat dehein (kein) bein / und brichet doch bein und stein.» In den Schriften der Drontheimischen Gesellschaft von 1765 ist von einer Pflanze die Rede, deren Stamm und Zweige «fast so hart wie Bein und Stein» sind. In Johannes Schröders «Pharmacopeia universalis» von 1747 ist von «Stein- oder Bein-Härte» die Rede. Wir können heute noch *beinhart* oder *steinhart* sagen, wenn wir «sehr hart» meinen.

Von daher erklärt sich auch die Redensart *Stein und Bein schwören,* die seit dem 16. Jahrhundert und bis heute belegt ist. Sie meinte ursprünglich «mit aller Härte schwören, gegen jede Evidenz und Einsicht», denn sie wurde in der Regel verwendet, wenn jemand Unwahres mit Schwören als Wahrheit beteuert. Johannes Mathesius sagt in seinem «Syrach Mathesii» von 1548, ein ertappter Sünder schäme sich, «seinen Irrthumb zu bekennen / leuget und treuget / schweret Stein und Bein». Bei Georg Striegenitz lesen wir in der «Conscientia» von 1600, dass der Sünder «leugnet und schweret offt Stein und Bein / das er unschuldig sey». Dazu erklärt Johann Leonhard Frisch im «Teutsch-Lateinischen Wörter-Buch» von 1741: «Stein und Bein schweren, das ist, hart, hoch schweren».

Das Duden-Buch «Redewendungen» von 2002 ist der Meinung, *Stein und Bein schwören* «etwas nachdrücklich versichern» sei «umgangssprachlich». Im Volkslied «Wir wollen unseren alten Kaiser Wilhelm wieder haben» aus der Zeit um 1890 wird gesungen: «Mein Opa schwörte Stein und Bein, dass noch vor hundert Jahren / Der Rheine noch so gar, die Luft durchsichtig war.»

Schliessen wollen wir mit *Mark und Bein,* sie gehören seit dem Mittelalter eng zusammen: In Strickers «Daniel» aus dem 13. Jahrhundert lesen wir, «ez wâren slege alsô stark / die durch bein und durch mark / swinde fuoren als ein wint –

es waren Schwerthiebe, die durch Knochen und Mark so schnell gingen wie der Wind». Luther behauptet in seiner Auslegung der zehn Gebote von 1528, das Ehebrechen hätten wir «aus mutter leibe gebracht / und ist uns durch felh und fleisch / marck und bein und durch alle Adern durch und durch gezogen». Und Andreas Celichius predigt 1528: «Das schmchen des feindseligen dringet durch Marck und Bein.» Heute brauchen wir die Doppelformel in der Redensart *durch Mark und Bein gehen* «in unangenehmer, fast unerträglicher Weise empfinden» oder «bis ins Innerste berühren». Mit «Es ging durch Mark und Bein» überschrieb die «Neue Zürcher Zeitung» vom 30. November 2008 einen Artikel zur Generalversammlung der UBS. «Warum Schreie durch Mark und Bein gehen» titelt der «Deutschlandfunk» am 17. Juli 2017. «Die Vereidigung ging durch Mark und Bein» behauptete die neu vereidigte Nationalrätin Andrea Gmür in der «Basler Zeitung» vom 2. Dezember 2019.

E Ligu Leem

Waren meine Eltern zum Spassen aufgelegt, sagten sie manchmal *sä da hesch e Ligu Leem* statt *sä da hesch e Bitz Broot*. Noch in meiner Kinderzeit erfuhr ich, dass *e Ligu Leem* Mattenenglisch sei, also ein Ausdruck derjenigen Sondersprache, die im Berner Matte-Quartier gesprochen wurde. *Leem* für «Brot» fand ich seltsam, da ich es auf hochdeutsches *Lehm* zurückführte; die Berner brauchen dafür die Bezeichnung *Lätt*.

Seit meiner Kinderzeit ist der Ausdruck *Ligu Leem*, meist *Ligu Lehm* geschrieben, zu einem Label für das Matte-Quartier geworden. Auf der Webseite «kantonsmuseum.be» finden wir z. B. das in der Matte gelegene «Take Away ‹Ligu Lehm›» mit der Bemerkung, es gehöre in das Kantonsmuseum Bern, weil es «einen mattenenglischen Namen hat und Mattenenglisch zu Bern gehört». *Ligu Lehm* ist der Name einer Berner Gospel-Band, deren Ziel es ist, wie sie Denglisch formuliert, «Worship zu machen, der anders ist. Unser Mundart Gospel soll vom Leben mit Gott mit allen Ups und Downs erzählen.» Auf «bern.com» findet man die Seite «‹E Ligu Lehm› – das Matte-Quartier». «bread-a-porter.ch» bietet unter seinen Broten und Brötchen «Ligu Lehm Chörnli» an und «jumi.lu» ein Früchtebrot, das «Ligu Lehm» heisst. *Ligu Leem* ist also ein werbetechnisch potenter Ausdruck geworden.

1919 schrieb der Berner Germanist Otto von Greyerz im «Schweizerischen Archiv für Volkskunde» eine wissenschaftliche Arbeit mit dem Titel «Das Berner Mattenenglisch und seine Ausläufer: die Berner Bubensprache». Die Arbeit wurde 1967 als Buch veröffentlicht mit dem Obertitel «e Ligu Lehm», 1979 wurde es neu aufgelegt. In diesem

Buch erklärt von Greyerz, Mattenenglisch enthalte als «merkwürdigsten und vermutlich ältesten Bestandteil einen Grundstock von Rotwelsch-Wörtern», also Wörter der alten Gaunersprache. Zu diesem Grundstock zählt er jiddisches *lechem* «Brot», das im Rotwelschen als *Lechem, Lehem, Lehm, Legem, Löhm, Lochum, Ligium* und vielen anderen Formen belegt ist. Das Wort *Ligu* beurteilt von Greyerz ebenfalls als Variante von *lechem*. Der Ausdruck *e Ligu Leem* heisst also wörtlich «ein Brot(stück) Brot». Bestätigt wird das von Alfons Müller-Marzohl in der Arbeit «Rotwelsch oder Jenisch: die Sprache der Gauner und Vaganten» von 1957:

«Auch der bekannte mattenenglische Ausdruck *e Ligu Leem* (ein Stück Brot) ist reines Rotwelsch: *ligu* und *leem* sind Mundartformen des gleichen jiddischen Wortes *lechem* = Brot; der Ausdruck bedeutet also eigentlich: ‹ein Brotstück Brot›.»

Die Bezeichnung *Lechem* für «Brot» findet man nicht nur in der Gaunersprache und im Mattenenglischen, sondern in fast allen deutschen Sondersprachen, auch im Jenischen und in verschiedenen Händler- und Kundensprachen. Sie ist alt; Hansjörg Roth erwähnt in seinem «Jenischen Wörterbuch» von 2001 den Basler Beleg «*lem* ‹brott›» in den «Basler Betrügnissen der Gyler (Bettler)» von 1430 und «*lechem* ‹brott›» in einem Verzeichnis rotwelscher Wörter im Anhang einer Handschrift des «Schachzabelbuchs» aus der ersten Hälfte des 14. Jahrhunderts von Konrad von Ammenhausen. Angelegt hat dieses Verzeichnis Gerold Edlibach (1454–1530), der Landvogt und Mitglied des Kleinen Rats in Zürich war. 1640 veröffentlichte der Staatsmann und Satiriker Johann Michael Moscherosch «Philanders von Sittewald wunderliche und wahrhaftige Gesichte». Darin enthalten ist das Lied «Uff die löbliche Gesellschafft Moselsar», in dem ein Pferdediebstahl geschildert wird und es von einem Dieb heisst: «Den Quien rufft er klug, / Und brockt ihn Lehem gnug, / Dass sie nicht sollen bellen». Er wirft also den Hunden Brotbrocken hin, damit sie nicht bellen.

Zwei Bemerkungen zum Schluss: *Leem* ist ein weitverbreitetes Sondersprachenwort. Der Ausdruck *e Ligu Leem* ist hingegen nur für die Berner Matte belegt. Beim mattenenglischen Ausdruck *tunz mer e Ligu Leem* «gib mir ein Stück Brot» wird *tunze* oft als Entlehnung aus französisch *donner* «geben» erklärt. Das ist falsch. *Tunze, dunse,* ein Verb unbekannter Herkunft mit den Bedeutungen «schlagen, prügeln», z.B. *i tunze dr eis* «ich haue dir eine runter», und «darreichen», z.B. *tunz mer e Pumer* «gib mir einen Apfel», kommt in einigen deutschen Mundarten vor und hat immer die Grundbedeutung «dröhnen, schlagen». Baseldeutsch *länge* hat auch die Bedeutungen «reichen» und «verabreichen»: *läng mer s Salz* «gib mir das Salz» und *ich läng dr aini* «ich hau dir eine runter». Vielleicht ist *tunze* eine Kontraktion des hebräischen Imperativs *ten et se* «gib dies».

E Schlötterlig aahänke

Bereits als Kind lernte ich, dass es verboten ist, jemandem *Schlötterlig aazhänke* «Übles oder Anzügliches zu sagen». Je nach Schwere des Falls drohten, erfuhren meine Eltern von der Tat, eine Standpauke oder Schläge. Heute ist das *Schlötterligaahänke* in den sozialen Medien zu einer Art Volkssport der Erzürnten, Beleidigten, sich benachteiligt Fühlenden und Unzufriedenen geworden. Anonym lässt sich ungehemmt austeilen! Ich musste mich vor siebzig Jahren wenigstens noch hinstellen, wenn ich jemandem beschied, er sei ein *trou de cul* oder *tümmer weder Lütis Füdle*.

Wir machen also gern, was wir eigentlich nicht sollten, und der Ausdruck *Schlötterlig aahänke* ist so beliebt, dass er es als Helvetismus ins Schweizer Hochdeutsche geschafft hat. In der «Basler Zeitung» vom 3. Februar 2017 lese ich in einem Artikel, dass in der Sendung «Arena» im Schweizer Fernsehen vieles zum Ritual verkomme: «Parolen, ein bisschen gespielte Empörung, dem Kontrahenten ein paar Schlötterlig anhängen, fertig.» Judith Giovanelli-Blocher erinnert sich in der «Annabelle» vom 17. Juli 2012 in einem Gespräch über ihre Lebensgeschichte: «Die Leute im Dorf meldeten sofort, wenn eines der Pfarrerskinder Kirschen gestohlen oder jemandem Schlötterlig angehängt hatte.» Und die «Aargauer Zeitung» gibt am 22. Dezember 2010 einen Artikel über einen Verkehrsregler den Titel «‹Schlötterlinge› prallen einfach an ihm ab».

Das Wort *Schlötterlig* bezeichnet ursprünglich «aus der Nase hängenden Rotz», also das, was unter der Nase ekelhaft schleimig schlottert, dann auch einen Batzen Brei oder Dreck, der irgendwo hängt. Mit übertragener Bedeutung wurde *Schlötterlig* bereits im späten Mittelalter für

«Schimpfname, Schandworte» gebraucht, weil die ebenfalls ekelhaft sind und an einem Menschen hängenbleiben. Im Jahr 1541 ist im Wörterbuch von Frisius belegt: «du henkst yederman ein schlöterling an». Und in einer Zürcher Quelle von 1644 ist von Tätern die Rede, die «einem Ieden ein Schlötterling anhänktend; den Herrn Heinrich Thoman nenntend sy Peterly uff allen Suppen, Herrn H. J. Hoffmann die gross Brachmoren (fette Sau)». Die Redensart *Peterlein auf allen Suppen sein,* neuer *Petersilie auf allen Suppen sein*, ist seit dem 16. Jahrhundert belegt und meint, auf Personen bezogen, «auf allen Hochzeiten tanzen wollen, überall seine Nase hineinstecken», auf Dinge bezogen «gewöhnlich, gemein».

Für das «Schweizerische Idiotikon» ist *Schlötterlig* «Schimpfwort» eine übertragene Bedeutung von *Schlötterlig* «Rotz, Dreckbatzen». Das «Deutsche Wörterbuch» ist der Meinung, *Schlötterlein, Schlötterlin, Schlötterle* «Schimpfwort» sei eine übertragene Bedeutung von *Schlötterlein* «kleine Schelle, Klapper (für Kinder)». Tatsächlich ist das *Schlötterlein* als Kinderspielzeug seit dem 15. Jahrhundert belegt. Für ein kleines Kind brauche es «schloterlein milch musmel und pfenlin», heisst es in einem Fastnachtsspiel. Johann Fischart behauptet im «Bienenkorb des Heiligen Römischen Immenschwarms» von 1579, es gebe Barfüssermönche, «die nicht vil mehr als eyn Esel wissen / und sehen unsern Hergott für eyn Kindlein an / das in Krippen ligt: Wollen ine derhalben allzeit mit hüpschen Bildlein und Puppen / schellelein und schlötterlin / pfeiffen und Moriskendänzlen und anderm Kinderspil / schwaigen und zufrieden stellen». Das «Deutsche Wörterbuch» führt dazu aus:

«Beliebt ist in älterer sprache die redensart jemandem ein schlötterlein anhängen, ihm einen boshaften streich spielen, ihn zum narren haben, dann auch schärfer, jemandem etwas schlimmes nachsagen, ihn mit böser nachrede treffen; verblasst: jemandem eins anhängen […]. Die sinnliche zu grunde liegende vorstellung ist die gleiche wie bei der wendung einem eine schelle, schellen anhängen.»

Tatsächlich braucht die Figur des christlichen Ritters in einem Berner Osterspiel aus dem Jahr 1552 die Form *Schlötterli* und nicht *Schlötterlig;* er sagt, er wolle «niemandt kein schlötterlin anhäncken». Der Zürcher Reformator Heinrich Bullinger predigt 1558 von «muotwilligen gmüter», die «jedermann schlötterli anhenckend». Und beim Zürcher Josua Maaler ist in der «Teütsch spraach» von 1561 zu lesen: «Im selbs ein schlötterle anhencken / sich selbs geschenden und entuneeren». Sich selbst hängt man eher eine Schelle um, wenn man sich zum Narren macht, als dass man sich mit Rotz verschmiert.

Weil die Redensart lautet *Schlötterli, Schlötterlig aahänke,* ist meines Erachtens bei der Entstehung der Redensart vom Bild der Schelle, die man sich selbst oder jemandem anhängt, auszugehen. Beim heute in der Deutschschweiz fast durchgängig gebrauchten *Schlötterlig* ist das ursprüngliche Bild der Schelle auf den Rotz umgedeutet worden. Das vollzog sich bereits seit dem 16. Jahrhundert, weil sowohl *Schlötterli* «Schelle» als auch *Schlötterlig* «Rotz» von *schlottere* abgeleitet sind und weil bei *Schlötterli aahänke* das Bild, dass man jemandem verbalen Rotz anhängt, nicht von der Hand zu weisen ist. Auch die Ausdrücke *jemandem die Narrenschelle umhängen* «jemanden zum Narren machen, jemanden schlechtreden» und *jemandem ein Blechlein umhängen* «jemanden schlechtreden» zeigen, dass es zuerst um die Schelle ging. Matthias Kramers «Teutsch-italiänisches Dictionarium» von 1700 übersetzt *dirne male* «jemanden schlechtreden» mit «einem jedweden ein Blechlein anhencken», und in der «Gartenlaube» von 1876 lesen wir: «wenn man den Nachbarn etwas am Zeuge flicken oder ihnen eine Narrenschelle anhängen wollte».

Schlötterlig aahänke ist heute noch in vielen Deutsch-schweizer Mundarten bekannt, vom Basel- bis ins Appen-zellerdeutsche, vom Berndeutschen bis in die Mundarten der Innerschweiz. Aber nicht nur da. Wir finden den Ausdruck als *e Schlädderli aahänke* im süddeutschen Alemannischen. Auch im «Wörterbuch der elsässischen Mundarten» lesen wir: *eim Schletterle anhengge* «einem übel nachreden».

En Eggen ab haa

Wer sich mit *der Ecke* befasst, merkt unverzüglich, dass man es in den Deutschschweizer Mundarten mit *em Egge* zu tun hat. Im Hochdeutschen ist das Wort weiblich, in unseren Mundarten männlich: *die Ecke / dr (de) Egge, um die Ecke bringen / um en Egge bringe, diese Ecke ist weg / dä Eggen isch ab*. Männliches *der Ecken* ist auch im süddeutschen und im elsässischen Alemannischen bekannt; im Hochdeutschen ist es laut dem «Variantenwörterbuch des Deutschen» von 2004 ein Helvetismus und wird als «Grenzfall des Standards» bezeichnet.

Die Form *das Eck* ist älter als *die Ecke;* durchgesetzt hat sie sich in den Bezeichnungen von geometrischen Formen: *das Drei-, Vier-, Fünf-, Sechseck*. Auch in Ausdrücken kommt die Form in einigen Deutschschweizer Mundarten vor: *um s Egg schiesse, um s Egg luege*. In den bairisch-österreichischen Mundarten ist *das Eck* die Normalform. *Egg* als Bezeichnung für eine Geländeform ist in den Deutschschweizer Mundarten hingegen meistens weiblich: *mir si uf d Egg ueche gloffe, d Mänziwiiuegg*.

Die Redensart *en Eggen ab haa* «nicht ganz bei Sinnen sein, nicht ganz bei Trost sein, spinnen» kenne ich seit meiner Kinderzeit. Sie ist bis heute sehr populär geblieben. Die erste Zeile des Songs «Niemer im Nüt» von Patent Ochsner lautet: «ha ne sprung ir schüssle & en eggen ab». Pedro Lenz schreibt im Roman «Primitivo» (2020): «Churz gseit, der Ricardo het en Eggen ab gha wäge däm Chrieg.» Und auch die Berner Leichtathletin Anita Weyermann, deren Spruch *Gring achen u seckle* bereits in den Volksmund eingegangen ist, braucht die Redensart, denn im «Bund» vom 17. Mai 2023 ist ein Artikel über sie mit «Sie hatte schon als Kind ‹en Egge ab›» betitelt. Sogar ins Schweizer Hochdeutsche übersetzt kommt die Redensart vor. Der Fussballer Benjamin Huggel sagt in einem «Blick»-Interview vom 24. April 2021 über die Abfahrer im Skirennsport: «Die Jungs, die da mit 130 km/h hinunterfahren, müssen irgendwo einen Ecken ab haben.» Meistens wird *der Ecken* im Hochdeutschen jedoch *die Ecke:* Im «St. Galler Tagblatt» vom 15. Januar 2022 ist der Maler Willi Oertig zitiert mit: «Manche Leute sagen mir, ich hätte eine Ecke ab», und im «Landboten» vom 30. Juli 2017 lesen wir: «Der hat eine Ecke ab – ein Psycho.» Ausserhalb der Deutschschweiz ist die Redensart *eine Ecke ab* oder *weg haben* nur noch bei den süddeutschen Alemannen bekannt; keine Sammlung von Redensarten führt sie auf. Sehr schwach belegt ist *ein Eck weghaben;* auf «landtreff.de» lese ich von einer Süddeutschen: «Die Frau hat ein Eck weg und gehört in die Behandlung.»

Den frühesten Beleg für *en Eggen ab haa* finde ich im «schweizerischen Archiv für Volkskunde» von 1944 in einer Abhandlung über die Soldatensprache: «Der Gegner wird als verrückt hingestellt: *Hesch Würm? Hesch en Egge ab, e Sprung in der Schüssle, e Kopfschuss, isch der der Käs weich worde?*» Nur im ersten Band des «Schweizerischen Idiotikons» von 1885 ist ein verwandter Ausdruck aus dem Appenzellischen aufgeführt: *er hed bei-mer en Egg eweg* «hat um Vieles an Achtung bei mir verloren». *En Egge ab haa* «nicht ganz bei Trost sein» ist auf jeden Fall jung und schweizerisch, sehr wahrscheinlich aus der Soldatensprache des Zweiten Weltkriegs.

Gäggeligääl und gibeligälb

Ist etwas von leuchtend gelber Farbe, kann ich in meinem Berndeutsch sagen: *Es isch gibeligälb.* Wir finden das Wort im «Berndeutschen Wörterbuch»: *gybeli-gääl* «zitronengelb» und im «Simmentaler Wortschatz»: *gibeligälb* «stark gelb». Im zweiten Band des «Schweizerischen Idiotikons» aus dem Jahr 1885 lesen wir: *gibeligälb* «krankhaft-, fahlgelb wie bei vergilbenden Pflanzen, nur spottweise als Verstärkung von ‹gelb›»; als Belegorte sind Bern Mittelland und Uri angegeben. Am bekanntesten ist das Lied «Chum, mir wei go Chrieseli gwünne» mit den Versen «rooti, schwarzi, gibeligääli, zwei bis drüü an einem Stiil», wo *gibeligääl* keine «spottweise» Verstärkung von *gääl* ist, sondern ein kräftiges Gelb bezeichnet.

In den meisten Mundarten sagt man einem leuchtenden Gelb jedoch *Gäggeligääl*. Wir finden das Wort z. B. im «Baseldeutsch-Wörterbuch» von Suter: *gäggeligääl* «dottergelb, senfgelb, zitronengelb, auffällig gelb, unangenehm gelb», im «Baselbieter Wörterbuch»: *gäggeligääl* «auffällig gelb», im «Senslerdeutschen Wörterbuch»: *ggäggeligälb* «leuchtend gelb», im «Jaundeutschen Wörterbuch»: *ggäggeligälb* «leuchtend gelb», im «Zürichdeutschen Wörterbuch»: *gäggeligääl* «gelb, senfgelb», im «Obwaldner Mundart-Wörterbuch»: *ggäggäligälb* «fahlgelb» und jenseits der Grenze im «Alemannischen Wörterbuch» der süddeutschen Alemannen: *gäckeligäl* «gelb wie ein Eidotter». Im «Schweizerischen Idiotikon» (1885) ist *gäggeligääl* «eigelbfarbig» belegt für das Zürichbiet.

Woher kommen die Wortteile *gibeli-* und *gäggeli-,* welche nur mit der Farbbezeichnung *gälb* bzw. *gääl* verbunden werden? *Gibeli-* hat kaum, wie es das «Idiotikon» andeutet, mit *vergible* «eingehen, verdorren» zu tun, und damit mit dem fahlen Gelb einer absterbenden Pflanze; das ist reines Wunschdenken. Viel eher scheint es eine Spielform zu sein, denn *gibeli gäbeli* kommt in Kinderversen vor: *Gibeli, Gäbeli, Hung ufs Schnäbeli* oder *Gibeli, Gäbeli, hinder em Städeli* oder *Gibeli, Gäbeli, Genzli, s Chätzli hät es Schwänzli.* Der Vokalwechsel *i-ä* bzw. *i-a* ist in spielerischen Verdoppelungen häufig: *Dibidäbi, Simelisämeli, tiiri tääri, pipääpele, gigampfe, bimbam, nigelnagelnöi* usw. Der Vokalwechsel *i-ä* und die Form *gibeligälb*, die *gibeli gäbeli* sehr nahe ist, weisen auf eine lautmalerische Spielerei.

Auch *gäggeligääl* könnte eine Spielform sein, nur lässt sich das nicht belegen. Ob es, wie das «Idiotikon» nahelegt, mit der kindersprachlichen Farbbezeichnung *Goggeligo* «Rot» zusammenhängt, das aus französisch *coquelicot* «Klatschmohn» entlehnt ist, lässt sich ebenso wenig belegen wie ein Zusammenhang mit der hellen Farbe des Kots von Kleinkindern, die gestillt werden. Allerdings ist *gagalgöb*, *gagerlgelb* «gelb wie Kinderkacke» im «Wiener Dialektlexikon» (2007) und auch im Buch «Auf gut Österreichisch» (2013) belegt. *Kackgelb* ist in deutschen Mundarten und in der Standardsprache belegt, aber eher als Bezeichnung für ein hässliches Gelb. Das Wort scheint erst seit der ersten Hälfte des 20. Jahrhunderts in Gebrauch zu sein.

Viel eher scheint die Bezeichnung *gäggeligääl* «gelb wie ein Eidotter» zu meinen, denn kindersprachliches *Gaggeli, Gaggi, Gäggi* «Ei», angelehnt an den Gackerlaut der Hühner, ist im «Schweizerischen Idiotikon» belegt für den Aargau, Basel-Stadt und Bern.

Erwähnt sei noch, dass die Blütenknospen des Gagelstrauchs (Myrica gale) zum Gelbfärben benutzt wurden. In einer Enzyklopädie aus dem Jahr 1785 lese ich unter «Gemeiner Gagel», «die Blüthen kann man zum Gelbfärben der Wolle brauchen». Laut Ludwig Glasers «Taschenwörterbuch für Botaniker» von 1885 heisst die Pflanze *Gagel, Gelb-gagel*. Nur ist diese Pflanzenbezeichnung in unseren Mundarten nicht gängig und die Farbe müsste dann eher *Gagelgääl* und nicht *Gäggeligääl* heissen.

Gassenhauer

Das zweiteilige Wort *Gassenhauer,* das der Rechtschreibeduden von 2017 als «veraltend für allbekanntes Lied» bezeichnet, meint im Sinne des Wortes «etwas, das durch die Gassen eilt oder läuft». Es gehört laut dem «Deutschen Wörterbuch» zu *hauen* im Sinn von «gehen, laufen» wie im Wort *abhauen* «weggehen, weglaufen» und in der Mundart *i houes itz* bzw. *ich haus jetz* «ich geh jetzt». Das Duden-Buch «Die deutsche Sprache» von 2014 erklärt diese Wortbedeutung damit, dass der Reiter in der Sprache des Mittelalters seinem Pferd die Sporen in die Weichen «haute», wenn er rasch vorankommen wollte: Der in Basel tätige Dichter Konrad von Würzburg (nach 1220–1287) erzählt in seinem Roman «Partenopier und Meliur», dass ein Ritter begann, sein Pferd «mit den sporn houwen unde twingen (zwingen)».

Gassenhauer ist seit dem 16. Jahrhundert belegt, und zwar mit drei Bedeutungen. Im ältesten Beleg von 1517 beim bayerischen Geschichtsschreiber Johannes Turmair ist er ein Lautenstück: «gassenhawer, die man auf der lauten schlecht (schlägt)». Im Lautenbuch von Hans Neusiedler (1536) begegnen wir ihm als Bezeichnung für einen Tanz «im dreitheiligen takte». Die Tanzbezeichnung, die man mit «Gassen- oder Pflastertreter» übersetzen könnte, erläutert das «Deutsche Wörterbuch» mit «tanz auf der gasse, der tanz selbst wie die tanzweise. Von der altherkömmlichen sitte auf der gasse zu tanzen, statt in den häusern.»

Nur wenig später erscheint *Gassenhauer* in einer Liedersammlung aus dem Jahr 1535 als Titel «Gassenhawer und Reutterliedlin». Der Zürcher Theologe Johannes Frisius braucht das Wort in seinem «Dictionarium» von 1556 als Übersetzung von lateinisch *carmen triviale, juvenalis* «ein gemein und schlächt gassenlied / ein gassenhauwer». Als der Dichter Hans Sachs 1576 in seinen Gedichten stöberte, fand er:

«psalmen und ander kirchengsäng, / auch verendert geistliche lieder, / auch gassenhawer hin und wider, / auch lieder von krieges geschrei, / auch etlich bullieder (Liebeslieder) dabei.»

Dass *Gassenhauer* einen bestimmten Typ vom populärem Pöbellied bezeichnet, zeigt der Titel einer Liedersammlung von 1571: «Gassenhawer / Reuter und Bergliedlin / Christlich / moraliter, unnd sittlich verendert / da mit die böse ergerliche weiss / unnütze und schambare Liedlin / auff den Gassen / Felde / Häusern / unnd anderswo / zusingen / mit der zeit abgehen möchte / wann mann Christliche / gute nütze Texte und wort darunder haben köndte». Diese Sammlung wurde besorgt «durch Herrn Henrich Knausten der Rechten Doctor / und Keyserlichen gekrönten Poeten». Auch im «Haus-Stand» von 1657 des Nördlinger Pfarrers Georg Albrecht kommt der *Gassenhauer* schlecht weg:

«Gleich wie man den Wein missbraucht / also auch die Saitenspiel / wann mans nicht zu rechter Zeit anstellt / sondern zu Nacht mit Jauchtzen / Schreyen und Gottslästern die Zeit zubringt / wann man schändliche / garstige / üppige Lieder auffmacht / allerley Gassenhauer höret / da durch die Leut nicht erquicket / sondern erschreckt / und in ihrem Schlaff unruhig gemacht werden / das ist ein verdammliche Sünd.»

Johann Christoph Adelung gibt in seinem «Grammatisch-kritischen Wörterbuch» von 1796 dem *Gassenhauer* zwei Bedeutungen, wobei die zweite derjenigen entspricht, die wir ihm heute geben: «ein schlechtes Lied, welches von dem Pöbel auf allen Gassen gesungen wird; ein Gassenlied. Ingleichen die Melodie eines solchen auf allen Gassen bekannten Liedes.»

Eine dritte Bedeutung von *Gassenhauer* ist «einer, der sich auf den Gassen herumtreibt, Nachtschwärmer». Diese

Bedeutung, die dem Wort vor allem im geistlichen Schrifttum gegeben wird, ist seit der zweiten Hälfte des 16. Jahrhunderts belegt und gewinnt im 17. Jahrhundert an Beliebtheit. Der katholische Geistliche Jakob Feucht zählt in einer Predigt von 1577 die Gassenhauer unter die üblen Menschen:

«Alda solche Suppenfresser / Ohrentrager / Dellerschlecker / Zungentrescher / Nasenschleiffer / Verwunderer / Mehrlintrager (Gaukler, Geschichtenerzähler) / Gassenhauwer / Nachtrappen / Jaherren (Schmeichler, Speichellecker) und was diss Ungezifers mehr ist.»

Nicht besser kommen die Gassenhauer im «Syrach» von 1586 des Reformators Johannes Mathesius weg:

«Wer aber mit leichtfertigen Buben und Gassenhauern, welche nichts als des Abends auf der Gassen schreien und plöcken können, umgehet, der muss auch hernach dem Büttel zur Dempze (Gefängnis) folgen.»

Und Georg Andreas Böckler rüstet in seiner «Kriegs-Schule» von 1668 die Wachen der Garnisonen mit Spiessen aus, «die unnütze Gassenhauer / unnd Zanckbursch / damit heimzuleuchten».

Der *Gassenhauer,* dem als Lautentanz keine erkennbar negative Nebenbedeutung anhaftet, wurde als Lied und als Nachtschwärmer zu einer mehrheitlich negativ konnotierten Bezeichnung.

Genickstarre, Nackenstarre, Halskehre, Äckegstabi

Sich sprachlich der *Genickstarre* zu nähern, ist ein Abenteuer. Die Bezeichnungen sind sehr vielfältig und in alten Quellen weiss man oft nicht genau, was sie bezeichnen. Beginnen wir mit dem ältesten Beleg, beim Zürcher Lexikografen Josua Maaler. Er schreibt in «Die teütsch spraach» von 1561, die *Halsstarre* sei «ein kranckheit dadurch einer muss den halss aussgereckt halten / und mag in weder hindersich noch fürsich bucken». Maaler betont, dass das Kopfheben und -senken nicht möglich ist; ich würde eher sagen, dass ich den Kopf nicht seitwärts drehen kann. Als lateinischen Begriff setzt Maaler *Tetanus,* den man in der damaligen Medizin für jede Art von Muskelverkrampfung brauchen konnte.

Im übertragenen Sinn bezeichnet *Halsstarre* aber auch den «Eigensinn» und die «Beharrlichkeit, Hartnäckigkeit», wie die Wörter *halsstarrig* und *Halsstarrigkeit* deutlich machen. Bereits in der «Hauspostill» von 1544 erwähnt Luther «halsstarrige leut» und 1578 setzte Ambrogio Calepino in seinem «Dictionarium» «Verharrung, halsstarrikeit, kyb, widerspenstikeit» nebeneinander. Vom 16. bis ins 18. Jahrhundert verbreitet ist auch die Wortform *halsstark* «widerspenstig»; Hieronymus Emser behauptet 1524, falsche Propheten machten «die leut hoffertig / trotzig / vormessen / eygenwillig / halsstarck».

Das Wort *Halsstarre* «Genickstarre» hält sich bis heute. Helge Schneider schreibt in seinem Roman «Satan loco» von 2011: «Der Fahrtwind drückte ihm den Kopf nach hinten, und er konnte damit rechnen, nach zweihundert Kilometern Halsstarre zu bekommen.» Und der «Tagesspiegel» vom 12. Februar 2009 behauptet, dass man beim Betrachten der Bilder von Georg Baselitz «unweigerlich eine Halsstarre» bekomme.

Selten ist im 18. und 19. Jahrhundert die Bezeichnung *Halssteife, Halsstiiffi* belegt, z.B. in der «Zeitschrift für Theater und andere schöne Künste» von 1797: «er litt an der Halssteife jämmerlich». In der «Constitutionellen Bozner Zeitung» vom 7. März 1878 lesen wir von der «halssteifen Gelehrsamkeit», Bogumil Goltz bezeichnet in «Ein Jugendleben» von 1852 Kohlköpfe als «so trutzig und ‹karsch› und so genicksteif auf ihren Strünken».

Die Bezeichnungen *Nackenstarre* und *Genickstarre* kommen erst seit der ersten Hälfte des 19. Jahrhunderts vor. Im «Centralblatt für klinische Medicin» von 1832 ist sowohl von «Genickstarre» als auch von «Nackenstarre» die Rede. Nur vereinzelt begegnet man dem Eigenschaftswort *nackenstarr* «halsstarrig», z.B. in der Zeitschrift «Über den Wassern» von 1909: «so wie dieser Charakter aufgebaut ist, nackenstarr, schrullenhaft, ins Alte verbohrt» und in Rachel Berdachs «Der Kaiser / die Weisen und der Tod» von 1938: «ihr seid so nackenstarr und widerspenstig».

Das «Variantenwörterbuch des Deutschen» von 2004 bezeichnet *Halskehre* «durch verspannte Muskeln verursachte Nackenschmerzen» als Helvetismus. Tatsächlich ist es eine Entlehnung von mundartlichem *Halscheeri*, der wir im «Zürichdeutschen Wörterbuch», im «Schaffhauser Mundartwörterbuch» und im «Obwaldner Mundart-Wörterbuch» begegnen: *Halscheeri* «Genickstarre, Nackenstarre»; als *Halscheeri, Halsoocheeri* «Halsstarre» auch im «Appenzeller Sprachbuch». Nicht belegt ist sie im «Schweizerischen Idiotikon» im Gegensatz zu *Cheerhals*. Alfred Escher (1819–1882) schreibt in einem Brief aus seiner Jugendzeit: «Ich habe heute und gestern einen Kehrhals und kann wieder nicht ausgehen.» In Jakob Bossharts Roman «Ein Rufer in der Wüste» von 1921 sagt eine Figur zu einer Frau, sie würde mit ihrem Aussehen in Paris «auf dem Boulevard des Italiens manchem den Kehrhals geben». Offenbar ist *Cheerhals* älter als *Halscheeri*.

Im Mittelbernischen ist die Bezeichnung *Äckegstabi* «Genickstarre» weit verbreitet; im «Brienzerdeutschen Wörterbuch» finden wir sie unter *Näckegschtabi,* im «Simmentaler Wortschatz» unter *Neckegstabi. Äcke* «Nacken» ist verwandt mit altem *anke* «Gelenk am Fuss, Genick». *Gstabi* bezeichnet eine «steife, sich ungelenk bewegende» oder «unbeholfene Person» und ist mit der Vorsilbe *ge-* gebildet zum Wort *stabe* «staksen, sich steif, unbeholfen bewegen». *Äckegstabi* ist seit der Zeit um 1900 belegt, z. B. im «Schweizerischen Archiv für Volkskunde» von 1905: *Äckegstabi* «steifer Hals» und in Simon Gfellers Roman «Eichbüehlersch» von 1941: «Änni het fasch der Äckegstabi gha vom Usegöie». Im Jahr 2016 twitterte ein Hörer von Radio Bern1: «Da bekomm ich schon gad chli Eckengstabi Du!» Auf «chiro-praxis.ch» lesen wir: «Spannungskopfschmerzen, akute Nackenstarre (Torticollis, im Volksmund Äckegstabi genannt)».

Angemerkt sei noch, dass sich die *Halsstarre* aus dem *starren Hals* und die *Nackenstarre* aus dem *starren Nacken* entwickelt hat. Und ich kann noch heute jederzeit sagen *ich habe einen starren Hals, ich habe einen starren* oder *steifen Nacken, ich cha de Hals nid cheere* und *i han e gstabligen Äcke*.

Habakuk und Hawass

Wir können nicht stracks auf *Habakuk* losgehen, ein Umweg über *Hawass* ist angezeigt, nicht der Aussicht, sondern der Einsicht wegen. *Hawass* finde ich im «Berndeutschen Wörterbuch» im Sinn von «Falschmeldung, unglaubliche Sache, Blödsinn». Dazu die Ausdrücke *da'sch doch (e) Hawass* und *jä Hawass* «dummes Zeug». In dieser Bedeutung ist *Hawass* gut belegt. Man findet es im «Zürichdeutschen Wörterbuch»: *Habasch, Hawass* «Lüge, Unsinn» mit den Beispielen *verzell kän Habasch, das isch en Hawass,* im «Baselbieter Wörterbuch»: *Haawass* «Falschmeldung» mit dem Beispiel *verzell doch kche Haawass* «erzähl doch keinen Unsinn», im «Schaffhauser Mundartwörterbuch»: *Hawas, Habasch* «Lüge, Unsinn» mit dem Beispiel *en Hawas verzelle* und im «Obwaldner Mundart-Wörterbuch»: *Hawass* «Unsinn, leere Behauptung». Neben *Hawass* gibt es die abgewandelten Formen *Habasch* und seltener *Hawasch*. «Eine Länge ist nicht gleich Vektor, eine Strumpfhose nicht gleich Kuchen, pfertoria, diese Lösung ist ein Hawass», schrieb Markus Ramseier im Roman «Vogelheu» von 2013.

Dem ersten schriftlichen Schweizer Beleg für das Wort *Havas* mit der Bedeutung «Falschmeldung» begegnen wir in Hanns Bächtolds Buch «Die schweizerische Soldatensprache 1914–1918», das 1922 in Basel erschienen ist. Er führt drei Redensarten auf, und zwar *Agence Wolf* und *Agence Havas* für «Falschmeldung» oder «Soldat, der oft schwindelt» sowie *Wolff und Havas* für «unwahrscheinliche Nachrichten».

Das erklärt sich daraus, dass die Hauptnachrichtenagenturen der Gegner der Deutschen während des Ersten Weltkriegs die englische Agentur Reuters und die französische

Agence Havas waren. Die Agence Havas betrieb in Berlin ein Bureau Wolff. Diese Nachrichtenagenturen waren bei denjenigen Deutschen, die in diesem Krieg mit Überzeugung kämpften und die ihn an der sogenannten Heimatfront unterstützten, sehr unbeliebt. In Büchern, die während der Kriegszeit in Deutschland erschienen, wird die Agence Havas als Lügenagentur wiederholt angegriffen. Diedrich Baedecker schreibt in seinem Buch «Alfred Krupp» von 1912 von der «Verbreitung der Lügen der Agence Havas», C. Langfeld im Buch «Gegen Lug und Trug» von 1914 von den «fortdauernden unwahren Berichte[n] der Agence Havas» und Casimir Hermann Baer im Buch «Der Völkerkrieg» von 1914: «Die Agence Havas verbreitet diese Nachricht, die wie alle Nachrichten dieser Agentur Lügen sind.» Und schliesslich zitiert Oskar Ursinus in der Zeitschrift «Flugsport» von 1915 einen deutschen Feldsoldaten mit der Aussage: «Glaubt nicht an die Schwindelberichte der sattsam bekannten Agence Havas über zu Gunsten der Franzosen entschiedene Luftkämpfe.» Sogar in der «Schweizer Rundschau» von 1915 lesen wir: «Es ist ja viel hübscher zu beobachten, wie verschiedene Methoden Wolff und Havas anwenden, um die Wahrheit nicht oder nicht ganz sagen zu müssen.»

Wegen dieser publizistischen Breitseite gegen die Agence Havas war das Wort *Hawass* verpönt und wurde in der Deutschschweizer Soldatensprache des Ersten Weltkriegs zu einem Synonym für «Unsinn, Blödsinn, Quatsch». Vielleicht ist das ein Indiz dafür, dass viele Deutschschweizer, zumindest zu Beginn des Krieges, auf der Seite der Deutschen standen. In Meinrad Inglins Roman «Schweizerspiegel» von 1938, der die Zeit des Ersten Weltkriegs behandelt, kommt das Wort *Havas* «Blödsinn» wiederholt vor. Noch in meiner Kinderzeit in den 1950er-Jahren hörte ich Ausdrücke wie *das isch doch Hawass* und *jä Hawass* oft, aber, soweit ich mich erinnere, nur von Männern.

Dasselbe wie *das isch doch Hawass* sagt die Redensart *das isch doch Habakuk*. Aber in den Mundartwörterbüchern finden wir sie nicht. Das deutet darauf hin, dass sie in der Mundart nicht alt ist. In der Schriftsprache ist sie heute in der Deutschschweiz weit verbreitet. Die «Berner Zeitung» titelt am 28. Oktober 2020 «Höchste Berner Beizerin: ‹Das ist völliger Habakuk›». Im «Tages-Anzeiger» vom 28. November 2008 sagt der Fussballer Mario Eggimann in einem Interview: «Das ist alles Habakuk mit den Noten.» Und in der «Luzerner Zeitung» vom 8. Juli 2013 sagt der Grillkoch Ueli Bernold: «Es gibt keine Poren – das ist Habakuk.»

Das ist Habakuk fehlt jedoch auch in den bekannten hochdeutschen Redensarten-Lexika. In der neusten Duden-Rechtschreibung ist *Habakuk* nur als «biblischer Prophet» gekennzeichnet, er ist ja einer der sogenannten kleinen Propheten. Alle Versuche, die Redensart mit dem Propheten in Verbindung zu bringen – und davon gibt es einige –, überzeugen nicht. Denn wäre er ein Synonym für «Unsinn, Quatsch» geworden, hätte sich das bereits vor Jahrhunderten vollzogen, als die Propheten noch eine grössere Rolle spielten als heute. Die Redensart *das ist Habakuk* ist jung und ich halte sie für eine Spielform von älterem *das isch Hawass* oder *das isch Habasch*. Für eine Anbindung an den Propheten, die uns «jesus.ch» weismachen will, gibt es keinerlei Anhaltspunkte.

Halsabschneider

Während eines Anlasses über Redensarten fragte mich ein Zuhörer in der Fragerunde, woher die Bezeichnung *Halsabschneider* komme. Ich wusste es nicht und setzte mich zuhause hinter meine Bücher. Die Ausbeute war mager. Im «Kluge», dem «Etymologischen Wörterbuch der deutschen Sprache», kommt das Wort nicht vor. Das «Herkunftswörterbuch» (2001) von Duden sagt nur, dass *Halsabschneider* den «Wucherer» bezeichne und dass das Wort seit dem 19. Jahrhundert belegt sei. Das «Etymologische Wörterbuch des Deutschen» von Wolfgang Pfeifer sagt dasselbe und das «Deutsche Wörterbuch» hilft auch nicht weiter. Im «Schweizerischen Idiotikon» ist der *Halsabschniider* «Wucherer» aufgeführt mit einem Beispiel aus Heinrich Messikommers Buch «Gesang und Humor im zürcherischen Oberlande» von 1910: «Wämmen-e nüd g'chännti, würd-me meine, was für-en Eremaa er wär, und ist wit-umme de gröst Halsabschnyder.» Ältere Mundartbeispiele findet man im Internet nicht.

Also machte ich mich selbst auf die Suche. Im «Deutschen Rechtswörterbuch» und im «Frühneuhochdeutschen Wörterbuch» hat es keine Belege für *Halsabschneider*. Das Wort kann demnach nicht alt sein. Hingegen findet man im «Deutschen Rechtswörterbuch» den *Kehlenstecher* und den *Gurgelstecher,* beide mit der übertragenen Bedeutung «Wucherer», jenes seit dem 15., dieses seit dem 16. Jahrhundert belegt. Luther erwähnt in der Schrift «Von Kauffshandlung und Wucher» von 1524 die Kaufleute, die billig einkaufen und möglichst teuer verkaufen und fährt fort: «Solche finantzer heyst man die Gorgelstecher oder kelstecher / Sind aber für grosse geschickte leut gehalten.» In einer Predigt der Sammlung «Diluvium Mathesii» von 1587 zählt Johann Mathesius die «Stuelreuber (Wucherer) / Besebler (Betrüger) / Kehlenstecher (Wucherer) / Auffsetzmacher (Eintreiber von Abgaben)» auf.

Auf diese Bezeichnungen folgt nicht direkt der *Halsabschneider,* es gibt eine Zwischenstufe. Ab dem 18. Jahrhundert tauchen die Bezeichnungen *Gurgel(ab)schneider* und selten *Kehlenabschneider* auf als Bezeichnungen für «Mörder». *Gurgel(ab)schneider* und *Gurgelschneiderei* werden jedoch auch verwendet mit der übertragenen Bedeutung «Wucherer» und «Wucherei». Diese Bezeichnungen entstehen meines Erachtens unter dem Einfluss von englisch *cut-throat* «Mörder», der oft von Shakespeare verwendet und auf Deutsch mit *Gurgelschneider* übersetzt wird, z. B. in der «Macbeth»-Übersetzung Gottfried August Bürgers von 1783. *Cut-throat* könnte eine Lehnübersetzung aus französischem *coupe-gorge* «lebensgefährlicher Ort, Räuberhöhle» sein. Seit dem 16. Jahrhundert wird jedoch das Adjektiv *cut-throat* auch im Zusammenhang mit Wucher verwendet. Der Dichter George Wither spricht 1622 in seiner vierzehnten Satire «Of Cruelty» von «dam'nd usurers, and cut-throat brokers – verfluchten Wucherern und mörderischen Maklern» und der «Survey of London» von 1633 erwähnt die «cut-throat Usurers – mörderischen Wucherer». In der deutschen Sprache ist der *Gurgel(ab)schneider* seit der zweiten Hälfte des 18. Jahrhunderts im Zusammenhang mit Wucher belegt. Kappach sagt in Johann Friedrich Jüngers Lustspiel «Der Wechsel» von 1788:

«Strohbach ist ein entsetzlicher Gurgelschneider! Ich weiss Jemanden, der letzthin fünfzehnhundert Gulden von ihm geborgt hat, und ich will nicht ehrlich seyn, wo er in allem die Hälfte bekommen hat.»

Einen der frühesten Belege für *Halsabschneider* mit der Bedeutung «Mörder» finden wir in Heinrichs von Alkmar «Reineke der Fuchs» in Johann Christoph Gottscheds deutscher Übersetzung von 1752: «Mörder und Halsabschneider, die Menschen unmenschlicher Weise tödten». In einigen Schriften werden auch die Verantwortlichen für die Hinrichtungen während der französischen Revolution *Halsabschneider* genannt. Aber im Zusammenhang mit Wucher und Wucherei kommen *Halsabschneider* und *Halsabschneiderei* erst im 19. Jahrhundert vor. In dem unter dem Pseudonym C. F. W. Touché verfassten Buch «Fünf Jahre in B» ist von einem «sogenannten Halsabschneider» die Rede, für den «Wucherer […] ein zu solider Ausdruck» sei. In seinem «Gesammt-Wörterbuch» von 1834 setzt Jakob Heinrich Kaltschmidt hinter *Kehlstecher* die Bezeichnungen «Halsabschneider, Abdringer, Hutabzieher, Uebervortheiler». Und Heinrich Baumann übersetzt in seinem Buch «Londinismen» von 1887 *Cut-throatism* mit «Halsabschneiderei».

In der politischen Linken des Deutschen Reichs werden *Halsabschneider* und *Halsabschneiderei* im Kampf um die Gesetzgebung gegen den Wucher in den 1870er- und 1880er-Jahren häufig eingesetzt. So verlangt Rudolph Meyer 1874 «Wuchergesetze, welche nicht bloss die Halsabschneiderei der Pfandscheinschieber, sondern auch die Halsabschneiderei der Börsenjobber […] ganz entschieden unmöglich machen». Die politische Rechte setzt jedoch *Halsabschneider* mehr und mehr ein, um Juden zu diffamieren. Im «Katholischen Wahrheitsfreund» von 1875 lesen wir, die Juden hätten «als Wucherer, Börsenjobber, Gründer, kurz als Ausbeuter und Halsabschneider die Taschen der Bürger geleert». Im Jahr 1876 klagt Joseph Rebbert über «die armen christlichen Opfer jüdischer Halsabschneider» und 1879 verlangt W. von Ernst Wuchergesetze, «um der gewerbsmässigen Halsabschneiderei entgegenzuarbeiten, welche letztere die Juden bisher in erschreckender Weise getrieben». Die Schrift «Vampyr oder das Wucherjudentum» von 1895 spricht von «Halsabschneiderei der gemeinsten Art».

Halsabschneider entsteht also in einem Umfeld, in dem die Bezeichnungen *Kehlenstecher, Gurgelstecher,* später auch *Kehlenschneider, Gurgel(ab)schneider* existieren, letztere wohl unter dem Einfluss von englisch *cut-throat* entstanden. *Halsabschneider* wird ab den 1870er-Jahren bis in die Zeit des Nationalsozialismus verwendet, um Juden zu diffamieren.

Hanebüchen, hagebuechig

Was ist *hanebüchen*? Schaut man sich in journalistischen Texten der letzten Jahre um, behauptet Frau Peterhans im «Tages-Anzeiger» vom 27. September 2012 «auf Kosten der Bildung zu sparen, ist hanebüchen», fragt das «St. Galler Tagblatt» vom 22. September 2016 zum Roman «Die Toten» von Christian Kracht «Hanebüchen oder raffiniert?», führt «Die Presse» vom 10. Februar 2020 einen «hanebüchenen Unsinn» in einem Titel. Zudem findet das «Westfalen-Blatt» vom 18. November 2022 die Begründung des Berliner Gerichts zum Künast-Urteil «hanebüchen». In allen Beispielen bezeichnet *hanebüchen* eine Sache oder einen Sachverhalt als «empörend, unerhört, skandalös».

Hanebüchen ist zweiteilig und der zweite Teil *büchen* ist eine alte Form von *buchen* «aus Buchenholz». In der Ballade «Der Eber» von Theodor Creitzenach (1818–1877) lesen wir: «Er langt ein büchenes Scheit hervor / Und schlägt nach Renald gewaltig empor.» Und in der «Zeitschrift für Volkskunde» von 1892 wird ein Kerbholz als «das alte hanebüchene Instrument» beschrieben. Der erste Wortteil *Hane-*, manchmal auch *Hahne-* geschrieben, hat nichts mit einem Hahn zu tun. Er gehört zur Bezeichnung eines Baums, der *Hanebuche*. Ihr begegnen wir in einem Aufsatz von 1793 des Naturwissenschaftlers Johann Mayer, der «zwischen der Baumrinde der Hanebuche» eine bestimmte Bienenart gefunden hat. Die *Hanebuche* hiess im Deutschen des Mittelalters *hagenbuoche,* und weil die Lautfolge *-age-* auch zu *-ai-* oder zu einem langen *â*-Laut zusammengezogen werden kann, kommen zudem die Formen *hainbuoche* und *hânbuoche* vor. Das Eigenschaftswort zu *hagenbuoche* war *hagenbüechin*. In unseren Mundarten sagen wir heute noch

Hagebueche und *hagebuechig;* im Neuhochdeutschen ist *Hainbuche* gängig, *Hagebuche* gilt als Helvetismus.

Die *Hagebuche* oder *Hainbuche,* die oft in Hecken wuchs, war bekannt für ihr schweres, sehr hartes Holz. In Carl von Linnés «Pflanzensystem» von 1777 wird sie mit folgenden Worten beschrieben:

«Der gemeinste Nutzen der Hainbuche ist, dass man sie zu Heken und Einfassungen in Lustgärten und Spaziergängen ziehet, wozu sie nicht nur wegen ihrer Schönheit, sondern vorzüglich auch um desswillen vortreflich tauget, weil sie sich beschneiden lässt, wie man will […] Ihr Holz ist weiss, sehr hart und zähe, und noch härter als des Weissdorns; das von grossen Stämmen tauget daher zu Zimmerholz, wie auch zu Flaschenzügen, zu Kämmen an Mühlrädern, Schlegelköpfen, Rollen, Stämpfeln, und andern Wagner- Drechsler- und Bildhauerarbeiten, zu welchen ein hartes Holz erforderlich ist.»

Wären unsere Strümpfe aus dem sehr harten Holz der *Hagebueche,* blieben sie glatt und ohne Rümpfe, deshalb singen wir in einem Deutschschweizer Volkslied: «Wen eine tannegi Hose het u hagebuechig Strümpf, de chan er tanze, win er wott, es git im keni Rümpf.»

Die Eigenschaft des harten Holzes wurde auf den Menschen übertragen, deshalb konnte *hanebüchen, hagebuechig* «hart, zäh, dauerhaft», aber auch «grob, gefühllos» meinen. Herman Schrader schreibt in seinem «Bilderschmuck der deutschen Sprache» von 1886, die Hainbuche liefere «das schwerste und härteste Holz unsrer deutschen Wälder», deshalb passe *hanebüchen* sehr gut «zu dem Bilde eines groben, ungehobelten, plumpen, rücksichtslosen Menschen, weshalb das Wort ja auch lieber mit Kerl als mit Mensch verbunden» werde. Nicht alle beurteilten *hanebüchene* oder *hagebuechigi* Menschen nur negativ. So schreibt Gotthelf in der Kalendergeschichte «Ein deutscher Flüchtling» von 1851:

«Es giebt zweierlei Sorten von Bürgern, so recht hunds-
föttische, die sich bei jedem Fusstritt unterthänigst für die
Gnade bedanken, und hagenbuchene, welche so recht zäh
und kampfbereit über ihren Bürgerrechten wachen, wie eine
Henne über ihren Küchlein.»

Gar zu einer Auszeichnung für das deutsche Wesen erhebt
der Schriftsteller Otto Ule in der Zeitschrift «Die Natur»
von 1867 das Wort *hanebüchen:*

«Ein hanebüchener oder hagebüchener Mann! Welche
Fülle von physischer und geistiger Kraft, von Festigkeit,
Derbheit, Zähigkeit der Sehnen wie des Charakters vereinigt
sich in dieser Bezeichnung! Freilich auch etwas Grobheit
muss mit in den Kauf genommen werden. Ist es nur Zufall,
dass das Volk dieses ‹Hanebüchen› in seine Sprache aufgenommen hat, oder drückt es damit nicht wirklich eine der
hervorragendsten Seiten des deutschen Charakters aus?»

Überträgt man die Eigenschaft *hanebüchen* im Sinne von
«grob, gefühllos» auf Sachen oder Sachverhalte, werden sie
im heutigen Verständnis «empörend» oder gar «skandalös»
und ihnen eignet nichts Positives mehr.

Herrengunst und Vogelsang

Der Solothurner Arzt Franz Josef Schild führt in seiner Sammlung von Volks- und Kinderliedern, Spottreimen, Sprichwörtern, Wetter- und Gesundheitsregeln «Der Grossätti aus dem Leberberg» von 1864 unter den «Sprichwörtern und Redensarten» als Nummer 73 auf: «Herregunst und Vogelg'sang / Isch gar schön, aber durt nid lang». Im zweiten Band des «Schweizerischen Idiotikons» von 1885 ist unter dem Stichwort «Menschengunst» ein Beleg der Redensart aus dem Zürcher Weinland aufgeführt: *Mänschegouscht und Vogelg'sang das chiid't* (tönt) *und wärt nid lang*. Mit *Herrengunst* statt *Menschengunst* begegnen wir dieser Form bereits 1824 in «Wahrheit und Dichtung: Sammlung schweizerischer Sprüchwörter» von Melchior Kirchhofer: «Herrengunst und Vogelsang / Kidet wol und wärt nit lang.» Im siebten Band von 1914 des «Idiotikons» steht unter «Vogelgsang» die Variante *Herregunst und Vogelg'sang luuet wol und wärt nid lang* aus Engelberg. Im «Rheinischen Wörterbuch» sind zwei Mundartvarianten der Redensart aufgeführt, nämlich *Herrengunst on Vugelsang klink zwor schen, awer dauert net lang* und *an Herrengunst un Vugelsang erfreut der Minsch sich selde lang*. Im Letzeburgischen kennt man sie auch: *Häregonscht a Vullegesank, dat klenkt ganz schein, me 't dauert net lank*.

Die reimende Redensart ist eine Maxime; sie warnt vor der Unbeständigkeit der Gunst grosser Herren und von einer Anbiederung nach oben. Ursprünglich ist sie in denjenigen gehobenen Kreisen entstanden, welche mit Herrschenden direkten Umgang pflegten und deren Macht unmittelbar zu spüren bekamen. Erst später ist sie zu einem allgemein gebräuchlichen Sprichwort geworden.

Das Wort *Herrengunst* ist eine Lehnübersetzung des lateinischen Rechtsbegriffs *gratia principis,* der vor allem auch die Zustimmung eines Grundherrn zur Vergabe eines Lehens bezeichnete. In seiner Sammlung von Rechtstexten von 1760 schreibt Johann August Hellfeld: «Herren-Gunst wird genennet, wenn einem ein Bauer-Gut verlassen (in Lehen gegeben) wird mit der Art und Manier, dass der Verlasser solches alle Augenblick zurückziehen, und den Contract annullieren könne […]»

Zur Zeit der Renaissance, als die Willkür der Herrengunst nicht mehr so fraglos hingenommen wurde, mehren sich die Schriften, die sie kritisch beurteilen und vor ihr warnen. In der «Schmiede des politischen Glücks» von 1673 bezieht sich der Autor Christian Georg Bressel bei seiner Warnung vor der *gratia principis* offenbar auf ein Emblem, das ein Herdfeuer zeigt mit der Inschrift *Sic gratia Principis* «So ist Herrengunst»:

«Dass zur rechten auff einem erhabenden Heerde brennende Feuer / mit der Unterschrift, *Sic gratia Principis,* ist eine wahre Abbildung der König- und Fürstlichen Gnade / dann kompt man der zu nahe und geneust man sie in dem höchsten Grad / brennet und verbrennet selbe den geniessenden / besitzt man sie mit Maasse ist sie beständiger / erwärmet und nützet den Besitzer / ist man aber gar zu weit davon entfernet / kan man deren Wärme nicht empfinden noch geniessen: Muss man sich dennoch wol fürsehen und hüten / dass man sich vom Ehrgeitze nimmer dero gestalt lasse einnehmen und verblenden / dass man dem Scepter und gar zarten Herschungs-Liechte zu nahe komme und die Flügel darüber verbrenne.»

Im Rahmen dieser zunehmend zurückhaltenden Beurteilung oder gar Kritik der Herrengunst, der ganze Werke gewidmet wurden, wie Ahasver Fritschs «De Gratia Principis Erga Ministrum Libellus» von 1664, entstand die Redensart von

Herrengunst und Vogelsang, die sich Jahrhunderte hielt und noch in Dialekten des 20. Jahrhunderts vorkam. Allerdings war sie da nicht mehr gegen fürstliche Gnaden gerichtet, sondern gegen diejenigen, die in Wirtschaft und Politik das Sagen hatten und denen man unter Umständen finanziell verpflichtet war. Ich erinnere mich, wie resignierte Kleinbauern noch in den 1950er-Jahren etwa sagten: *S isch wis isch, Heregunscht u Vogugsang isch zwaar schöön, aber het nid lang.*

Wir finden die Redensart bereits im «Theatrum historicum theoretico-practicum» (1656) des evangelischen Theologen Christian Matthiae: «Herrengunst / und Lercheng'sang / Klingt wol; ab'r es währt nicht lang.» Justus Georg Schottel nimmt sie in die «Ausführliche Arbeit von der Teutschen HauptSprache» von 1663 auf: «Herren Gunst und Lerchengsang / Klinget wol und wehrt nicht lang». Sie steht in Schottels Text einige Zeilen nach einer ersten Maxime zum selben Thema: «Auf Herren Gunst nicht bau / Noch gutem Wetter trau / Das Wetter nicht besteht / Der Herren Gunst vergeht.» Noch einige Jahre früher finden wir sie in etwas anderer Form in Friedrich von Logaus «Deutschen Sinn-Getichten» von 1654: «Herren-Gunst und Vogel / sind noch wol zu fangen: / Herren-Gunst und Vogel / sind geschwind entgangen.» Anstelle der Lerche kommt auch mal die Nachtigall vor, z.B. im «Gelehrten Teutschen Redner-Schatz» von 1720: «Herren Gunst und Nachtigall-Gesang währt nicht allzu lang.» Vereinzelt ersetzt *Lautenklang* den *Vogelsang,* so in «Sprichwörter und Spruchreden der Deutschen» (1840) von Gotthard Oswald Marbach: «Herrengunst und Lautenklang klinget wohl, aber währt nicht lang.»

Warnungen vor der Unbeständigkeit der Gunst der Mächtigen lasen die Gelehrten der Renaissance jedoch bereits in Schriften der Antike. So belehrt Eberhard Werner Appel in seinen «Grössesten Denkwürdigkeiten der Welt» von 1691 seine Leser:

«Nichts saget der weise Heyde Aristoteles / ist unvollkommener / und verenderlicher als der Fürsten und Herren Gunst: Und Laertius […] saget / dass man einem lachenden Herrn / und heiteren Himmel nicht allzu viel trauen müsse; In Ansehung / dass die Herren-Gunst nicht erblich / und die Lufft des Himmels allzu leichte sich verändern könne / nach dem bekandten Sprichworte: Herren Gunst und Aprillen Wetter / zerstäuben offt wie Rosen-Blätter.»

Auch diese Aprilwetter-Variante der Redensart war sehr verbreitet. Wir begegnen ihr bereits 1581 in Johannes Knöfels «Neuen teutschen Liedlein», denn ein Lied heisst: «Von unbestendigkeit der menschen: Herren gunst, Aprilen wetter». Wenig später, im Jahr 1611, schreibt Simon Gedik in der «Genesis»: «Daher das Sprichwort entstanden: Herrengunst und Rosenbletter / Verendern sich wie Aprillwetter», und 1618 lesen wir in einer Predigt-Sammlung: «Herrengunst ist ungewiss / wie Aprilwetter / und wird leicht verendert.» Die sich nur auf das Aprilwetter beschränkende Form, die man oft unter den Wetterregeln findet, kommt auch in den skandinavischen Sprachen vor. Ein Beispiel aus einem schwedisch-deutschen Wörterbuch von 1749 lautet: *herre-gunst och april-wäder står icke länge* «Herren-Gunst und April-Wetter dauret nicht lange». Vereinzelt paart sich *Herrengunst* mit *Aprillicht*, so in «Silesia» (1848) von Adolph Trassler: «Herrengunst und Aprilenlicht / Sind gar schön, doch dauern nicht.»

In Johannes Lassenius' «Sinnlichem Zeit-Vertreiber» von 1681 lautet die Überschrift des 15. Kapitels «Herrengunst / Aprillen-Wetter», diejenige des 16. Kapitels «Jungfer-Liebe / Rosenblätter». Aus diesen vier Begriffen, zu denen noch *Würfelspiel* und *Kartenspiel* hinzukamen, hat sich eine erweiterte Variante der Redensart entwickelt, welche in unseren Mundarten vorkommt und im «Schweizerischen Idiotikon» belegt ist: *Heregunscht und Aprillewätter, Frauelieb und Rooseblätter, Würfelspil und Chartespil ändere vil, wer's glaube will.* In verwandter Form finden wir die Redensart auch in Carl Hesslers «Hessischer Landes- und Volkskunde» von 1904: «Herrengunst und Aprilwetter, / Frauenlieb' und Rosenblätter, / Würfel und Kartenspiel / Ändern öfter, als man will.»

Zwei Hauptformen der Redensarten sind also erkennbar; die eine vergleicht die Herrengunst mit Vogelsang, die andere mit Aprilwetter. Beide halten sich in verschiedenen Formulierungen bis ins 20. Jahrhundert. Eine dritte, die nur im Schwäbischen vorkommt und die Herrengunst mit Nelkenwein paart, geht wohl auf den «Lugenschmid» des Schriftstellers Rupert Gansler aus dem Jahr 1697 zurück, wo die Bemerkung steht, «wann Herren-Gunst mit dem Negele-Wein ist ausgerochen – denn Herrengunst vergeht so schnell wie der Duft des Nelkenweins». Der Augustiner-Eremit Ignaz Ertl formuliert daraus in seiner Predigtsammlung von 1715 eine Redensart: «Herren-Gunst und Negele-Wein / riechen über Nacht aus.» Diese Redensart wurde 1795 vom Ulmer Professor und Prediger Johann Christoph Schmidt in den «Versuch eines schwäbischen Idiotikon» aufgenommen: *Grosser Herren Gunst und Nägelwein riecht über Nacht aus* und gelangte dadurch ins «Schwäbische Wörterbuch», was ihre Verbreitung förderte. Karl Josef Simrock nahm sie 1846 in der Form *grosser Herren Huld und Nelkenwein verriecht über Nacht* in die «Deutschen Volksbücher» auf.

Die heute leider verklungenen Redensarten von der Herrengunst sind ein gutes Beispiel für den redensartlichen Ausdrucksreichtum, der sich um ein zentrales Thema, hier um das Thema der willkürlichen Herrengunst, entwickelt hat. Redensarten verbreiten sich oft in einem kreativen Prozess, der eine grosse Vielfalt von Formen hervorbringt.

Hokuspokus

Was wie *Hokuspokus* klang, hörte ich erstmals als kleines Kind in meiner Mittelberner Mundart, wenn man *hooggis pooggis* «durcheinander» sagte in Sätzen wie *da ligt alls hooggis pooggis über- u underenand* oder *was hesch de daa fürn es Hoogis Pooggis gmacht*. Später, wenn ich Zauberer spielte, sagte ich nicht mehr *hooggis pooggis,* sondern *hookus pookus fidibus* oder *hookus pookus verschwindibus*.

Das Wort *Hokuspokus* ist für den Wortgrübler eine zünftige Knacknuss, weil es in vielen Formen in vielen Sprachen vorkommt und weil Behauptungen und Halbwahrheiten die klare Sicht auf eine vernünftige Wortgeschichte vernebeln. Lange war ich, wie viele andere auch, der Meinung, *Hokuspokus* sei eine reformatorische Verballhornung der lateinischen Worte *hoc est corpus* «dies ist (mein) Körper» aus der Wortfolge *hoc est enim corpus meum,* die der katholische Priester bei der Wandlung spricht. Ein früher Vertreter dieser Herleitung ist der anglikanische Geistliche John Tillotson in seinem «Discourse Against Transubstantiation» von 1685:

«And in all probability those common *juggling* words of *hocus pocus,* are nothing else but a corruption of *hoc est corpus,* by way of ridiculous imitation of the Priests of the church of *Rome* in their *trick* of *Transubstantiation*. – Und höchstwahrscheinlich sind diese gängigen Taschenspielerworte *hocus pocus* nichts anderes als eine Verballhornung von *hoc est corpus* in der Art eines Nachäffens der römischkatholischen Priester bei ihrem Kunstgriff der Wandlung.»

Diese Herleitung ist, wie Tillotson schreibt, wahrscheinlich, aber nicht sicher. Eine zweite formulierte wenige Jahre vor Tillotson der Arzt und Dichter Adam Lebaldt von Lebenwaldt in seinem Buch gegen die Zauberei «Achtes Tractätl von dess Teuffels Betrug» von 1681. Zauberer würden, schreibt er, verrenkte Glieder wieder richten mit Wörtern, die durch Umstellung von Buchstaben entstellt seien und von denen niemand wisse, was sie bedeuteten. Solche Wörter seien «Matas Danatas, Pissa sissa, hax, pax, max, Deus adimax» und, fährt er fort, «da kombt auch das Wort Hocus pocus her / welches die Taschenspieler im Gebrauch haben / wiewolen andere vermainen dass es eines welschen Gaucklers rechter Nahm gewesen sey».

Wieder ist die Herleitung von *Hocus pocus* aus Zauberformeln unsicher, denn, so Lebaldt von Lebenwaldt, es könne auch der Name eines welschen, d. h. französischen oder italienischen, Gauklers gewesen sein. Begeben wir uns in das Gestrüpp der Fakten.

Seit dem Mittelalter belegt sind Zauber- und Beschwörungsformeln, die in verschiedenen Varianten vorkommen. Aus der ersten Hälfte des 14. Jahrhunderts stammt ein in Prag gefundener Pergamentzettel aus einem Amulett, auf welchem nach dem Anrufen der Heiligen Dreieinigkeit die sieben Schläfer von Ephesus als Fürbitter aufgezählt werden. Darauf folgt die Bitte für die Benediktinerin Dobroslava mit einer Beschwörungsformel: «Herr Jesus Christus geruhe diese Dienerin Dobroslava vom fünftägigen Wechselfieber zu befreien. Pax nax vax sei dieser Dienerin Gottes Heilmittel. Amen» Ähnliche Beschwörungsformeln sind in der frühen Neuzeit reich belegt: *Prax max Deus ymax, max nax pax, pax max faxt* und sehr oft *hax max pax Deus adimax*.

Der Arzt und Bekämpfer der Hexenverfolgung Johann Weyer behauptet in seinem «De praestigiis daemonum» von 1563, *hax pax max Deus adimax* sei ursprünglich auf einen Fresszettel geschrieben worden, um in einem Apfel als Mittel gegen den Biss eines tollwütigen Hundes verschluckt zu werden. Der Spruch sei erstens falsch verstandenes Latein und zudem seien Kreuzeichen fälschlicherweise als x gelesen worden. Richtig zu lesen sei *hoc + po + mo + Deus adiuvat* + «mit diesem Apfel hilft Gott». Dass *hax pax* oder *hox pox* der Ursprung von *Hokuspokus* sei, behaupten neben Lebaldt von Lebenwaldt auch Jacob Wolff in seinem «Scrutinium amuletorum medicum» von 1690 und Christian Franz Paullini in seinen «Merckwürdigkeiten» von 1694. Bis heute vertreten viele Etymologen die These, *Hokuspokus* gehe auf Zauberformeln zurück.

Den Vertretern der Zauberformel-These und der *hoc est corpus*-These macht einen Strich durch die Rechnung, dass italienisches *ocus bocus* knapp hundert Jahre älter ist als alle Formen mit *h*-Anlaut, wie *hocus bocus, hocus pocus, hokus pokus, hocas pocas, hox pox* und viele andere. *Ocus bocus* als Teil der Redensart «Ocus bocus quinque reque chi nasce matto non guarisse me» liegt mir erstmals vor in den «Opera quale contiene le Diece Tavole de proverbi, Sententie, Detti, & modi di parlare» von 1535. Die Redensart ist rätselhaft. *Ocus bocus* ist eine Unsinns- oder Spottformel, etwa wie *äätsch-bäätsch* in vielen Deutschschweizer Mundarten. *Ocus bocus quinque reque* fasse ich als Unsinn auf, *qui nasce matto non guarisse me* meint «wer verrückt geboren wird, wird nie gesund». Der spanische Humanist Hernán Núñez de Guzmán übersetzt in seinen «Refranes, o Proverbios en Romance» von 1555 auch nur den zweiten Teil ins Spanische. Die Redensart kommt vor in einem Stück von Ruzzante (1496–1541) und im Lied «Turlulù la cavra moza», das seit dem 16. Jahrhundert überliefert ist, mit dem Refrain: «ocus bocus, ocus bocus / ocus bocus picica pocus». Welchen Ursprung die Formel *ocus bocus* hat, ist nicht auszumachen.

Formen ohne h-Anlaut kommen seit der Zeit um 1640 in den Niederlanden, im deutschen Sprachraum und in Frankreich vor: In den «Aenmerckingen» (1639) des Admirals Jacob van Wassenaer lesen wir von einem «ocus-bocusspeel», in den «Visiones de Don Quevedo» (1642) von Moscherosch: «Ich bin Ocus Bocus, der Buchführer / der ich die Truckerey / so ihr wohl wisst / gehabt habe» und im «Ovide bouffon» (1649) von Louis Richer, «en pronoçant ocus bocus». *Ogus Bogus* braucht Lorenz Hofer in der «Ehrenrettung U. L. Frawen» (1650): «machest krumme Affensprüng / und damit du dem Leser ein geplärr und Ogus Bogus, wie man sagt / für die Augen machest».

Auch die Formen *ox pox* sowie *okosbokos* sind im 17. Jahrhundert im Deutschen belegt, und zwar in Daniel Martins «Parlement nouveau (1660): «iouer des tours de passe-passe – ox pox spielen» und in «Ein Edelgestein der Artzeney» von 1661, wo wir von «Okosbokos Medicos», d. h. «Kurpfuschern» lesen. Im 18. Jahrhundert kommen dann noch die Formen *Okes Bokes* bzw. *Okes boks* hinzu, was einige übereifrige Germanisten dazu verleitete, hinter der Formel die Tiere *Ochs* und *Bock* zu postulieren und die Germanen ins Spiel zu bringen, weil sie übersahen, dass die Formel aus den romanischen Sprachen stammt.

Die Formen mit h-Anlaut, *hocus pocus, hokus pokus, hockus pockus, hocas pocas, hogges pogges* und andere, sind ab den 1620er-Jahren in England und den Niederlanden, im deutschsprachigen Raum seit 1650 reich belegt. Sie bezeichnen in der Regel den Taschenspieler und die Taschenspielerei, im übertragenen Sinn auch andere Arten von Täuschungen und Betrügereien. In den «Emblemata» von 1625 des niederländischen Druckers Zacharias Heyns betrifft *hocus pocus* das Kartenspiel, 1634 steht *hocus pocus* im Titel eines englischen Buches über die Taschenspielerei: «Hocus Pocus Junior: The Anatomie of Legerdemain», das 1667 auf Deutsch erscheint: «Hocus Pocus Junior: Oder die Taschenspielkunst». Im «Traur-Freudenspiel von Almadero und Liarta» (1652) von Lorenz Postel lesen wir: «Man muss / hocus pocus gleich / alles nach der Zeit umkehren», und in

Matthias Abele von und zu Lilienbergs «Seltzamen Gerichtshändeln» von 1668, «das Hogges und Pogges einer verschraubten oder zweiffelhafftigen Rede». Charlotte Leucorande behauptet in «Contousche und Reiffen-Röcke» von 1717, die Welt sei «mit so viel gelehrten Hocas pocas und Charlatanerien in den Vorreden hinters Licht geführt worden, dass es nunmehr künstlich werden will, eine taugliche Vorrede zu schreiben».

Das Wort *Hokuspokus* ist bis heute gängig und hat laut dem Duden-Buch «Die deutsche Sprache» von 2014 drei Bedeutungen: «Zauberwort, Beschwörungsformel», «Gaukelei, (fauler) Zauber, Trick» und «unnützer Zierrat, überflüssiges Drum und Dran». Zur Herkunft heisst es: «wahrscheinlich verstümmelt aus einer pseudolateinischen Zauberformel ‹hax, pax, max, Deus adimax›». Vorsichtiger formuliert das «Etymologische Wörterbuch der deutschen Sprache» von 2002:

«Die Formel ist sicher eine Reimformel von dem schon 1563 bezeugten Typ *hax pax max Deus adimax*. Sie knüpft an natursprachliche Wörter an (in der genannten Formel sind es lateinische; bei *Hokus Pokus* sind die beiden ersten Wörter daraus entnommen) und entstellt sie zu möglichst beeindruckenden gleichklingenden Wörtern. Dass es sich ursprünglich um eine Entstellung der Messformel *(hoc est enim corpus meum)* handelt, ist nicht ausgeschlossen.»

Mich überzeugen weder die *hax pax*-These noch die *hoc est corpus*-These. Ausser Acht gelassen werden älteres italienisches *ocus bocus* und das seit dem 15. Jahrhundert belegte englische *hoche poche,* entlehnt aus französisch *hochepot,* das einen «Eintopf» bezeichnet und im übertragenen Sinn ein «Durcheinander», wie das bereits erwähnte berndeutsche *Hooggis Pooggis.* In einer englischen Übersetzung von Predigten Jean Calvins aus dem Jahr 1579 ist die Rede von Teufeln, die unter den Menschen eine derartige Verwirrung angerichtet hätten, dass aus ihnen besser wilde Bestien und

Wölfe geworden wären, als «such a hoche poche – solch ein Durcheinander» zu haben. Auch William Ames braucht *hoche poche* «Durcheinander» in «A Fresh Suit Against Human Ceremonies» von 1633.

Möglicherweise ist italienisches *ocus bocus* eine Unsinnsformel wie deutsches *acke backe, enecke benecke, Engel Bengel, ene bene* und mundartliches *äätsch bäätsch, ällädi pällädi, anege hanege, änige dänige*, die vor allem aus Abzählreimen bekannt sind. Aus englischem *hoche poche* «Durcheinander» könnte sich unter dem Einfluss von *ocus bocus* und den scheinlateinischen Zauberformeln latinisiertes *hocus pocus* mit h-Anlaut gebildet haben, das auf die Taschenspielerkunst übertragen wurde, weil der Taschenspieler die Ordnung des Spiels durcheinanderbringt und daraus ein *hoche poche* macht.

I d Kluft stüürze

Beim Blättern im «Berndeutschen Wörterbuch» stiess ich auf die Redensart *i d Kluft stürze* «den bessern Anzug anziehen». Das Wort *Kluft* «Anzug, Kleidung» finden wir auch im «Zürichdeutschen Wörterbuch» und im «Baseldeutsch-Wörterbuch» von Suter. Ich erinnere mich noch gut an Ausdrücke wie *mues i mi i d Kluft stüürze* «muss ich den bessern Anzug anziehen» oder *er isch i dr Kluft derhäärchoo* «er ist im Anzug gekommen». Polo Hofer sang in «Wäge dir» von 1985: «Wäge dir – schtygeni i my Sunntigskluft». Bereits 1927 schrieb Rudolf von Tavel im Roman «Veteranezyt»: «wie a mene Peter di neui Sunntigskluft gangi».

Heute nennt man den Anzug kaum mehr *Kluft;* eher spricht man von *Schale: sech i Schale wärffe, sich in Schale werfen, sich in Schale schmeissen* «sich fein anziehen». *Kluft* ist noch gebräuchlich im Sinn von «Werkkleid» als *Arbeitskluft* oder *Werkkluft*. In Hans Falladas Roman «Jeder stirbt für sich allein» von 1947 trägt Tischler Dollfuss «jetzt keine Arbeitskluft». Bei den Zimmerleuten ist die *Kluft* oder *Zimmermannskluft* die Zunftbekleidung.

Kluft bezeichnet im hochdeutschen Wortschatz eine «Schlucht, Felsspalte». Dieses Wort ist eine Ableitung von altem *klieben* «spalten». Und wenn sich jemand in eine Kluft stürzt oder wirft, dann stürzt er oder sie in eine Schlucht oder Bresche: «Eine Jungfrau war es, die sich in die Kluft stürzte, welche zwischen den republikanischen Parteien gähnte», lesen wir im «Salon für Literatur, Kunst und Gesellschaft» von 1884.

Das Wort *Kluft* mit der Bedeutung «Anzug» stammt aus dem Rotwelschen und dem Jenischen und ist 1430 in Basel als *klabot* «Kleider», 1510 im «Liber vagatorum» als *claffot*

«Kleid» und *claffotvetzer* «Schneider» sowie 1733 in Basel als *Klufftie* «Kleider» belegt. Es ist entlehnt aus jiddisch *kelipho* «Schale, Rinde» mit der übertragenen Bedeutung «Kleid»: «[Käthes] Kluften taugen nichts, Ediths sind schöner», lesen wir in Betty Scholem / Gershom Scholem: «Mutter und Sohn im Briefwechsel» von 1977. Die Redensart *sich in die Kluft stürzen* «den bessern Anzug anziehen», für die ich ausser im «Berndeutschen Wörterbuch» keinen Beleg gefunden habe, spielt wohl mit der ursprünglichen Bedeutung des Ausdrucks «sich in den Abgrund stürzen». Von *Kluft* abgeleitet sind *kluften* «kleiden», *sich ankluften* «sich anziehen», *sich auskluften* «sich ausziehen» und *sich einkluften* «sich neue Kleider besorgen».

Auch das Wort *Schale* «feiner Anzug» ist seit dem 19. Jahrhundert als rotwelsches Wort belegt. Es ist vielleicht im Zusammenhang mit dem ältern Wort *Kluft* «Kleid» entstanden, weil dessen jiddischer Ursprung *kelipho* «Schale» meinte. Die Redensarten *sich in Schale werfen* und *sich in Schale schmeissen* sind erst seit der Mitte des 20. Jahrhunderts belegt: «Die Kusine warf sich in Schale und verschwand», schreibt Ludwig Turek in «Ein Prolet erzählt» von 1947. Im «St. Galler Tagblatt» vom 5. Juli 2012 lautet eine Bildlegende: «In Schale geschmissen für den grossen Abend». Und auf «watson.ch» lese ich in einem Artikel vom 15. September 2014 über den FC Basel: «Die Bebbi haben ihre Super-League-Garderobe nach der Pleite gegen GC in den Schrank gehängt und sich in Schale geschmissen.»

In den Ohren liegen

Auf die Redensart *jemandem in den Ohren liegen* mit der Bedeutung «mit Bitten belästigen, durch ständiges Bitten zusetzen» hat mich ein Leser aus Welschenrohr aufmerksam gemacht. «Man stelle sich das mal bildlich vor», bemerkt er dazu. Wer uns in den Ohren liegt, der steht mit seinem Bitten nicht mehr vor uns, sondern er belegt unser ganzes Gehör, hat sich sozusagen in unserem Gehör niedergelassen.

Die Redensart ist bereits im Mittelalter belegt, und zwar in einem «Winterlied» des Dichters Neidhart, genannt von Reuental, der in der ersten Hälfte des 13. Jahrhunderts sang. Im Werben um seine Dame, schreibt er, werde er von drei Nebenbuhlern bedrängt, die, wann immer sie zur Dame kämen, «ir in den ôren lâgen als diu bîe – ihr in den Ohren lagen wie die Bienen». Das Bild ist trefflich gewählt, weil wir das unablässige Summen der Bienen vor dem Flugloch des Bienenstocks hören. Ob diese Nebenbuhler die Dame durch ihre Bitten bedrängen und belästigen oder sie mit Komplimenten überhäufen, ist hier nicht auszumachen.

Verbreitet ist die Redensart im 16. Jahrhundert unter geistlichen Autoren. So predigt Martin Luther (1483–1546), jeder Christ solle fleissig zur Predigt, sich an das Wort Gottes halten und «Gott in den ohren liegen / durch ein ernstlich Gebett / dass er sein Reich zu uns kommen lasse», d.h. Gott im Gebet wieder und wieder bitten. Der evangelische Theologe Nikolaus Selnecker schreibt 1579, wir sollten «Gott dem Herrn mit unserm Gebet immer in den Ohren liegen / das er uns nicht nach seinem zorn / wie wir verschuldet / straffen wolle». Er braucht die Redensart *in den Ohren liegen* wie Luther; der Nebensinn des Bedrängens oder Belästigens ist hier nicht auszumachen. Auch Hieronymus Weller schreibt 1568, wir

sollten «Christo immer in den ohren liegen unnd nicht auff-
hören / mit beten / ruffen / schreien unnd flehen».

Einen deutlich negativen Sinn hat die Redensart jedoch in
Detlev Langenbecks «Regentenbuch» von 1572, in dem von
Ratgebern berichtet wird, die ihrem Herrn «in den ohren
ligen» und ihn ganz ihrem Willen Untertan machen. Und in
Hans Sachs' Schwank «Woher die Männer mit den Glatzen
ihren Ursprung haben» von 1559 lesen wir von Eheleuten,
die sich unablässig streiten: «Die Alte lag ihm stets in den
Ohren / Mit ihrem Geldsack und Heirathsgut». Da kommt
der Nebensinn des Bedrängens deutlich zum Ausdruck.

Auch im 17. Jahrhundert werden die Gläubigen von Theologen oft gemahnt, sie sollten Gott in den Ohren liegen, d.h.
ihn inständig bitten, während bei weltlichen Autoren Neider
und Widersacher einer Obrigkeit mit schlechtem Rat oder
bösen Einflüsterungen in den Ohren liegen, wie bei Ferdinand Donraetl, der 1631 von Widersachern der Reformation
in Rom behauptet, dass sie «der Obrigkeit allenthalben in
den Ohren ligen / man soll den Evangelischen alle Kirchen
sperren». Im «Deutschen Wörterbuch» wird diese Verschie-
bung von einem neutralen zu einem eher negativ konnotierten Gebrauch der Redensart gut beschrieben mit den Worten: «anhaltend etwas zu gehör bringen, namentlich bitten,
früher nicht immer mit tadelnder beziehung» mit dem bei-
gefügten Zitat «wer von gott was haben will, der muss im in
ohren ligen und mit beten anhalten».

Das Bedrängende *liegt* auch in anderen Redensarten auf
uns und bedrückt uns: *auf dem Magen liegen, auf der Seele
liegen, auf dem Gemüt liegen, auf dem Herzen liegen* und
schwäär uflige (wie ein Alb), während *am Herzen liegen* einfach meint «sehr wichtig sein».

Heute brauchen Theologen *jemandem in den Ohren liegen* immer noch im positiven Sinn, vor allem wenn sich die
Redensart auf Gott bezieht. Siegfried Eckert veröffentlichte

2014 ein Buch mit Gebeten, dem er den Titel «Gott in den Ohren liegen» gab; am 13. März 2022 hielt die Pfarrerin Stephanie Höhner eine Predigt mit dem Titel «Gott in den Ohren liegen», in der sie auch über den Krieg in der Ukraine sprach und mahnte: «Lasst uns Gott in den Ohren liegen mit unseren Gebeten.»

Im Heft 93/1967 des «Nebelspalters» schreibt Alfred Zacher im Artikel «Um die Ohren fahren» hingegen «einem ‹in den Ohren liegen› ist lästig» und das «Luxemburger Wort» vom 29. Juli 2010 berichtet von den «auf Hochglanz polierten Schätzchen, deren bekanntes Motorengeräusch einem unablässig in den Ohren lag». Auch in der Mundart ist das *i-den-Oore-Lige* eher bedrängend, wie in Simon Gfellers «Der Abgott» von 1933: «Der ganz Tag ischt er der Muetter i den Ohre gläge u het gchähret.»

In e Wäschplere gusle

Ausdrücke wie *uu, da het si aber in e Wäschplere gguslet* oder *we d nid wosch in e Wäschplere gusle, seisch lieber nüüt*, hörte ich in meiner Jugendzeit recht oft. *In e Wäschplere gusle* meint «heftigen Zorn provozieren, eine Aufregung verursachen». Heute sage ich eher *Wäschpinäscht* statt *Wäschplere* und das Wort *gusle* ist auch seltener geworden. *Wäschpere, Wäschplere* waren im Berndeutschen des Mittellandes und des Oberlandes einst weit verbreitet. Wo man der Wespe *Wächsi* oder *Wäschge* sagte, war das Nest die *Wächsere, Wäxere* oder *Wäschger(n)e*. Nach demselben Muster waren *Hummlere* «Hummelnest» und *Hurnuussere* «Hornissennest» gebildet. Den ältesten Beleg für das Wort *Wäschp(l)ere* findet man im Roman «Leiden und Freuden eines Schulmeisters» (1838/39) von Jeremias Gotthelf. Über Menschen, die in Abrede stellen, was sie nicht sehen, schreibt er:

«Die mahnen mich, beiläufig gesagt, gar oft an solche, die Blindekuh spielen und denen man Wespern beizt ringsum. Die doopen nun mit ihren ungeschickten Händen hier in eine Wespern dort in eine, und wenn sie gestochen werden, schlagen sie mit der Faust darein und doopen in eine andere, bis sie alle aufgestöbert haben und die Wespen von allen Wespern wütend über den ungeschickten Doopi herfahren. Der führt nun auch wütend herum; aber was hilft ihm die Wut und Grösse gegen aufgestöberte Wespen?»

An anderer Stelle:

«Jetzt aber war alles wie eine aufgeguselte Wespern. Jeder wollte befehlen, und was dem einen recht war, wollte der andere nicht.»

Auch die Redensart *in e Wäschpere gusle* braucht Gotthelf in «Uli der Knecht». Als Uli für eine Kuh auf dem

Viehmarkt viel verlangt, heisst es: «Nun erhob sich ein Gebrüll gegen ihn, wie wenn er in eine Wespern geguselt [...].»

Noch älter als der Gotthelf-Beleg ist wohl der Walser Flurname *Wäschgeru (Veschgero)* bei Gressoney. Das Verb *gusle* «herumstöbern, herumstochern» stellt das «Schweizerische Idiotikon» zum Substantiv *Gusel* «Aufregung, Hast, (blinder) Eifer». *Öppis im Gusel haa* meint «etwas im Sinn haben».

Das Erregen von Zorn wird seit Jahrtausenden mit dem Bild aufgestörter wehrhafter Insekten ausgedrückt. Das älteste Beispiel für entsprechende Redensarten betrifft nicht Wespen, sondern Hornissen und lautet beim Römer Plautus, der um 200 v. Chr. lebte, «irritare crabrones – die Hornissen reizen, ärgern». So lautet sie heute noch im Französischen: *irriter les frelons* und auf Italienisch: *stuzzicare calabroni*. Der Zürcher Josua Maaler schreibt im 16. Jahrhundert in seinem Wörterbuch: «in ein hurnussennäst stächen, das ist, ein unrüwigen menschen reizen, crabrones irritare». Um 1615 glossiert ein Geistlicher einen Text mit der Bemerkung: «Jesuiten stechen bey den Ketzern in ein Hornussen Nest». Und noch 1691 setzt Kaspar von Stieler hinter *in ein Wespennest stören* lateinisches *crabrones irritare*. Die Hornissen gingen in der Redensart, soweit sie schriftlich belegt ist, den Wespen voraus, deshalb ist anzunehmen, dass *in ein Wespennest stechen* oder *stören* unter dem Einfluss von *crabrones irritare* entstanden ist und die Wespen die Hornissen ersetzt haben, weil sie häufiger sind und ihre Nester oft auch im Boden machen, wo sie den Menschen eher in die Quere kommen als die nur auf Bäumen oder in hohen Räumen hausenden Hornissen. Die Englisch Sprechenden sind bis heute beim Hornissennest geblieben: *to stir up a hornet's nest*.

Im 17. und 18. Jahrhundert gewinnen im Deutschen die Wespen die Oberhand und wir lesen *in ein Wespennest stechen, in ein Wespennest stören, in ein Wespennest greifen, in ein Wespennest stochern.* Das «Theatrum Europaeum» setzt 1627 «dieses war in ein Wespen-Nest gestochen / oder Oel ins Feuer gegossen / und Ubel ärger gemacht» hintereinander, weil sie Ähnliches bedeuten. Freiherr Johann Weikhard von Valvasor schreibt 1689: «…so heben sie alle miteinander an / gleich als ob man in ein Wespen-Nest hette gestört / zu schreyen…». Und Theodor Heinsius erklärt in seinem «Vollständigen Wörterbuch» von 1822 *in ein Wespennest stochern* mit «eine gefährliche Sache aufrühren». Der Ausdruck ist noch heute gängig. Die «Zeit» schreibt am 21. Mai 2019 in einem Artikel zu Kevin Kühnert: «Kühnert hat in ein Wespennest gestochert, gut so!» und auf «verkehrsportal.de» lese ich: «Ja, ich weiss, damit habe ich wieder in ein Wespennest gestochert.»

Die Hornissen schwirren jedoch redensartlich bis heute weiter: Wolf Biermann schreibt in «Der Sturz des Dädalus» von 1992: «Mensch Arno, ich habe in ein friedenswütiges Hornissennest gestochen.» Und Henrik Siebold im Thriller «Schattenkrieger» von 2022: «Du hast in ein Hornissennest gestochen.» Auffällig ist, dass in vielen Übersetzungen aus dem Englischen die *Hornissen* in den deutschen Text übernommen werden, obwohl die *Wespen* gängiger wären.

Verwandt mit *in ein Wespennest stöbern,* aber weniger gängig, ist die Redensart *sich in* oder *auf ein Wespennest setzen* «durch sein Verhalten Aufregung oder Empörung hervorrufen, provozieren». In Gustav Freytags «Die Geschwister» von 1878 sagt der Rittmeister:

«Will sich euer Führer mit Discretion der königlichen Gnade anvertrauen, so bin ich bereit nach Befund der Sache die Forderung eines mässigen Ranges zu befürworten, ich selbst würde mich auf ein Wespennest setzen, wenn ich mehr thäte.»

Die Redensart ist heute noch gängig; im «Handelsblatt» vom 24. Februar 2006 lesen wir: «Aber bei aller Planung waren sich die Deutschen wohl nicht bewusst, dass sie sich damit in ein politisches Wespennest gesetzt haben.» Und in der «Neuen Zürcher Zeitung» vom 12. Dezember 2017: «So hatte sich der aus der Wirtschaft gekommene Hernandez in ein Wespennest gesetzt.»

Auch hier sind die Hornissen, die seit der Antike surren, nicht verstummt. Uwe Klausner schreibt im historischen Roman «Engel der Rache» von 2012: «Tja, sieht so aus, als hätte sich der gute Laurenz in ein Hornissennest gesetzt.» Das Bild ist schlecht gewählt, weil es schwierig sein dürfte, sich in ein in der Höhe gebautes Hornissennest zu setzen.

Lügen haben kurze Beine

Redensarten widerspiegeln nicht immer die Realität. Obwohl wir wissen, dass viele mit sehr dreisten Lügen im Kleid von Fake News oder Verschwörungstheorien sehr weit kommen können, sagen wir sprichwörtlich, die Lüge als Lebewesen auffassend: *Lügen haben kurze Beine* «mit Lügen kommt man nicht weit». Dabei haben wir weniger die Alltagstauglichkeit der Redensart im Auge als ihre moralische Richtigkeit. Dieser Meinung ist auch James Howell in seinem viersprachigen «Lexicon Tetraglotton» von 1655; er führt *A lye hath short legs* unter den «Moral Proverbs» auf.

Die Redensart ist kurz, einprägsam und von hohem Alter. Dennoch sagt keines meiner gescheiten Nachschlagewerke etwas über sie. Lutz Röhrich führt sie in seinem guten «Lexikon der sprichwörtlichen Redensarten» nicht auf; «Das grosse Buch der Zitate und Redewendungen» (2002) und das Buch «Redewendungen» (2020), beide von Duden, sagen nichts zu ihrer Herkunft. Auch das «Deutsche Wörterbuch» schweigt sich aus. Dabei zeigt sich am Beispiel von *Lügen haben kurze Beine,* wie Redensarten aufkommen, Fahrt aufnehmen, sich über ein grosses Gebiet verbreiten können und Nebenformen entwickeln.

Der erste Beleg für die Redensart kommt aus dem sehr berühmten Mund des Dominikaners und Kirchenreformators Girolamo Savonarola, der 1498 in Florenz hingerichtet wurde. In der Fastenpredigt von 1495, die 1496 erstmals gedruckt und in der Folge sehr oft neu aufgelegt wurde, sagte er, er wolle nicht die Unwahrheit sagen, denn *le bugie hanno corte gambe* «die Lügen haben kurze Beine». Vielleicht war die Redensart zu Savonarolas Zeiten schon gängig oder er, ein mitreissender Redner, hat sie erfunden. Für ihre Verbreitung weit über Italien hinaus war er jedenfalls sehr wichtig.

Im Jahr 1502 kommt sie bereits auf lateinisch vor. Terentio Florenio aus Brescia schreibt in seiner «Apologia»: *Sed nescit stultus brevissimos esse (ut aiunt) mendaciis pedes* «aber der Narr weiss nicht, dass die Beine der Lügen (wie man sagt) sehr kurz sind». Die eingefügte Floskel «wie man sagt» meint, dass die Redensart damals im Italienischen gängig war. Deutlich später belegt sind weniger verbreitete Nebenformen wie *le bugie hanno curti li calcagni* «Lügen haben kurze Fersen» in Jan Gruters «Florilegii Ethico-Politici» von 1612, *la bugia non ha piedi* «die Lüge hat keine Füsse» und *le bugie hanno curti calcagni* «die Lügen haben kurze Fersen» in Giulio Varrinis «Scuola del volgo» von 1642.

Für *Lügen haben kurze Beine* liegt mir ein Beleg in französischer Sprache erst in den 1550er-Jahren vor. Der Arzt Jérôme-Hermès Bolsec, der mit Calvin in Streit geriet und 1551 aus Genf ausgewiesen wurde, schrieb in seiner polemischen Biografie über Calvin von 1577: *Car les mensonges ont des pieds cours & la vérité à la fin est descouvverte* «denn Lügen haben kurze Beine und die Wahrheit wird schlussendlich aufgedeckt». Wenig später widerspricht der evangelische Theologe Heinrich Bünting aus Hannover in seiner «Harmonia Evangelistarum» von 1589 der katholischen Auffassung, die Heiligen Drei Könige seien in Köln begraben und fügt an: «solche grobe lügen / weil sie Gottes Wort aus voriger erweisung gantz zu wieder ist / felt sie von ir selbst herunter / nach gemeinen Deutschen sprichwort / Lügen haben kurtze beine». Bemerkenswert ist, dass Bünting *Lügen haben kurze Beine* als «gemeines», d.h. allgemein bekanntes, deutsches Sprichwort bezeichnet. Nach England ist die Redensart vielleicht über John Florio gekommen. Der in London aufgewachsene Sohn italienischer Eltern war Sprachlehrer am Hof Jakobs I., Übersetzer von Montaigne und, nimmt man an, mit William Shakespeare bekannt. In seinem Buch «Florios Second Frutes» von 1591 finden wir sie auf Italienisch: *Lo bugie, hanno corte gambe*. Wenige Jahre später braucht sie Thomas Dekker auf Englisch in seinem Buch «The Seven Deadly Sinnes of London» von 1606: *For though a Lye have but short legs (like a Dwarfes) yet it goes farre in a little time* «obwohl eine Lüge nur kurze Beine hat (wie die eines Zwergs), kommt sie weit in kurzer Zeit».

Beschränken wir uns im Folgenden auf den deutschsprachigen Raum, stellen wir fest, dass die Redensart 1605 in Friedrich Petris Redensarten-Sammlung «Der Teutschen Weissheit» erscheint, und zwar in der seltsamen Form *Lügen haben kleine schmale Beine,* in der sie 1616 nur noch in Georg Henischs Folgesammlung «Teütsche Sprach und Weissheit» vorkommt und sonst nicht mehr: *Lügen haben (kleine) schmale Beine.* Der Kapuziner Valerius de Magni beschäftigt sich in seiner «Apologia» von 1661 mit den Lügen seiner Gegner und sinniert:

«Nun muss ich doch ein wenig grübeln / wie viel und was für Füsse diese Lügen haben / dass sie damit allenthalben durchkommen können / da man doch sonst saget / die Lügen haben gar kurtze Füsse.»

In der Form «Lügen haben Kurtze füsse» finden wir die Redensart auch in Justus Georg Schotttels «Ausführlicher Arbeit von der Teutschen Haubt-Sprache» von 1663 und in anderen Texten, aber sie kommt weniger häufig vor als *Lügen haben kurze Beine,* auf die sich der Jurist Christian Georg Bessel in der «Schmiede des politischen Glücks» von 1673 für seine bildliche Beschreibung der Lüge stützt: «Dann wird uns die Eigenschafft der Lügen dadurch vorgebildet / als welche auch gar kurtze Beine und gemeiniglich nicht weit zu gehen vermögen», der wir in einem Text von 1677 wieder begegnen: «[Lügen] haben […] gar kurtze Beine / und können nicht weit gehen.»

Wie bei vielen anderen Redensarten auch entwickeln sich Nebenformen, die in einzelnen Texten vorkommen: Bei Samuel Erich lesen wir im «Exodus Hamelensis» von 1655: «Lügen haben krancke Beine und kurze Füsse / und verlieren sich mit dem Schnee»; bei Johann Just Winckelmann in den «Kriegshandlungen» von 1671 in einem Bild, das sich auf den Flug des Ikarus bezieht: «Damit aber der ausgesprengten Lügen ihre kurze Flügel / gleichwie Wachs gegen der Sonnen / von der an Tag gegebenen Wahrheit zerschmelzen möchte», und bei Ignaz Hubeney in «Moralisches Lesebuch für Kinder und Kinderfreunde» von 1803:

«Man sagt: Lügen haben schwache Füsse. Das heisst: Der Lügner kömmt nicht weit fort. Die Menschen lassen sich nur einmal betrügen, und wissen bald, mit wem sie zu thun haben. Wer auch nur einmal gelogen hat, dem glaubt man selten wieder. Wie mancher hat nicht schon durch eine einzige Unwahrheit das Zutrauen der redlichsten Leute auf immer verloren! – Das Lügen führt zum Betrügen, das Betrügen zum Stehlen, das Stehlen zum Galgen. – So schrecklich sind die Folgen des Lügens.»

Mit dieser moralischen Auslassung aus dem Beginn des 19. Jahrhunderts verlassen wir die Lüge, die im Italien der Renaissance, vielleicht von Savonarola, mit kurzen Beinen versehen worden ist und kurzbeinig von dort aus einen grossen Teil Europas erobert hat.

Mein lieber Freund und Kupferstecher

Behauptete ich im Gespräch mit meinem Vater etwas, das er nicht richtig fand, leitete er seine Widerrede oder Mahnung oft ein mit der Anredeformel *mein lieber Freund und Kupferstecher,* die so viel hiess wie «pass mal auf, mein Lieber». Das sagte er immer hochdeutsch, auch wenn wir, wie gewöhnlich, Berndeutsch sprachen. Im zehnten Band von 1936 des «Schweizerischen Idiotikons» ist unter dem Stichwort *Chupferstächer* ein Beleg des Solothurner Mundartautors Josef Reinhart von 1931 zitiert: *mi guete Fründ und Chupferstächer.* Auch in anderen Mundarten ist die Anredeformel bekannt, erwähnt wird sie im «Rheinischen Wörterbuch»: *liewer Freind un Kupferstecher* «verächtliche Anrede», im «Südhessischen Wörterbuch»: *mein lieber Freund unn Kupferstecher* «unfreundliche Anrede» und in «Bairisches Deutsch»: *mein lieber Freund und Kupferstecher* «leichte Drohung, Warnung».

Der früheste Beleg der Anredeformel, der mir vorliegt, ist aus dem Heidelberger «Volksführer» vom 13. April 1849. In einem Beitrag, in dem der badische Innenminister Johann Baptist Bekk zum Rücktritt aufgefordert wird, lesen wir:

«Scheiden Sie […] in Gottes Namen von Ihrem Posten, oder berufen Sie wenigstens eine andere Kammer, wir lassen dann schon wieder mit uns reden. Wir haben sogar Nichts dagegen, wenn Sie dann bei uns da oben als Bewerber um eine Abgeordnetenstelle auftreten. Wir können Ihnen dafür garantiren, dass Sie eine solche ebenso bestimmt erhalten werden, als Ihr guter Freund und Kupferstecher, der kreuzbrave, grundehrliche Mathy.»

Bekk und Karl Mathy – nach ihm ist die *Karl Mathystrasse* in Grenchen benannt, wo er sich in den 1830er-Jahren als

Flüchtling aufhielt – waren altliberale Politiker, die sich für Meinungsfreiheit und mehr politische Rechte einsetzten. Weil sich Mathy gegen die radikale Strömung der badischen Revolution stellte, wird er wohl vom radikalen «Volksführer» aufs Korn genommen. Die Bezeichnung «Ihr guter Freund und Kupferstecher» ist demnach ironisch gemeint, wohl im Sinn von «Ihr Zudiener, Ihr Lakai».

Eindeutig ironisch, ja tadelnd gemeint ist die Anredeformel auch in Adelbert Graf von Baudissins Erzählung «Ein Soldaten-Diner» von 1863: «‹Herrrrjeses!› schrie der alte Oberlieutenant, ‹Mensch, Freund und Kupferstecher, wie können Sie bei diesem Anblick da solch dummes Zeug herbrüllen!›»

Freund und Kupferstecher ist seit der zweiten Hälfte des 19. Jahrhunderts gut belegt. Georg Büchmann fragt 1868 in «Geflügelte Worte. Citatenschatz des Deutschen Volks»: «Woher stammt die drollige Begrüssung: *Lieber Freund und Kupferstecher!*» In «Puck: Illustrirtes humoristisches Wochenblatt» von 1882 lese ich: «Wissen Sie, werther Freund und Kupferstecher, eine Umdieweltreise ist keine Kleinigkeit», und im selben Blatt von 1884 erzählt einer von seinem «alte[n] Freund und Kupferstecher Rattermann aus Cincinnati». Auch Theodor Fontane braucht die Anredeformel in seinem Roman «Frau Jenny Treibel» von 1892: «Das hat so sein sollen, Freund und Kupferstecher, mitunter fällt Ostern und Pfingsten auf einen Tag.» Sie taucht auch heute noch zuweilen auf; z. B. berichtet Julia Witte in «Bild» vom 12. Februar 2015 über einen Tag beim Kupferkonzern Aurubis unter dem Titel «Mein lieber Freund und Kupferstecher».

Woher die Anredeformel stammt, die laut dem Duden-Buch «Das grosse Buch der Zitate und Redewendungen» von 2002 eine «heute meist scherzhaft-drohend oder mahnend geäusserte, oft auch Erstaunen ausdrückende Anrede» ist, weiss man nicht. Der Dichter Friedrich Rückert schrieb für seinen Freund, den Kupferstecher Carl Barth, der 1853 starb, das Gedicht «An den Gevatter Kupferstecher Barth». Dass er ihn, wie oft behauptet, in seinen Briefen mit «lieber Freund und Kupferstecher» angesprochen habe, ist nicht richtig. Es dürfte schwierig zu erklären sein, wie dieser Gedichttitel zur Anrede *mein lieber Freund und Kupferstecher* geführt haben sollte. Geradezu abenteuerlich ist die These des Schriftstellers Richard Dehmel (1863–1920), dass *Kupferstecher* eine Verballhornung von *Kopfverstecker* sei. Zudem weist Lutz Röhrich in seinem «Lexikon der sprichwörtlichen Redensarten» darauf hin, dass die Anrede *alter Freund und Bildermann* bereits 1803 belegt ist im Buch «Ein Denkmal des Erzgebirgs» von L. Lorenz: «Do biste freilich of'n Holzwag, alter Freund und Bildermann.» Ein *Bildermann* ist laut dem «Goethe-Wörterbuch» ein «Bilderhändler, der besonders mit Kupferstichen, Holzschnitten und ähnlichem handelt».

Die scherzhaft gemeinte, oft Aufmerksamkeit heischende Anredeformel *lieber (alter) Freund und Kupferstecher* geht meines Erachtens von Paarformeln in der Anrede aus, die im 18. und 19. Jahrhundert oft gebraucht wurden: *Alter Freund und Kollege, alter Freund und Kampfgenosse, alter Freund und Kumpan, alter Freund und Kamerad, Freund und Gevatter, Freund und Vetter* usw. *Lieber (alter) Freund und Kupferstecher* ist eine Spielform der Paarformeln in der Anrede, und zwar nicht die einzige.

Im Österreichischen viel gängiger war *lieber (alter) Freund und Zwetschkenröster,* die bis heute gut belegt ist; wobei *Zwetschkenröster* nicht einen Beruf bezeichnet, sondern ein traditionelles Pflaumenmus. Im «Humorist» vom 23. Dezember 1844 lesen wir «aber mein lieber Freund und Zwetschkenröster», in Peter Roseggers «Sittenbilder aus dem steierischen Oberlande» von 1870: «Geliebte Zuhörer, Zwetschkenröster und Gassenkehrer!» Und im Scherzgedicht «Die Pilgrimfahrt zum Laudachsee am 18. Schewwal 861 der Hedschra» (1872) von Ludwig Ritter von Koechel, dem Autor des Koechelverzeichnisses, sagt Hafis: «Salem aleikum, liebe Freunde / und Zwetschkenröster, lasst uns heunte / lasst als gute Moslemin / nach dem Laudachsee uns zieh'n.» Wir finden *mein lieber Freund und Zwetschkenröster* «alter Freund» auch im «Wiener Dialekt Lexikon» von 2007 und im «Wörterbuch der Alltagssprache Österreichs» von 2011 mit dem Vermerk «Diskussionsmarker am Beginn eines Redebeitrags, um Aufmerksamkeit zu wecken; keine inhaltliche Bedeutung; umgangssprachlich, scherzhaft».

Weshalb der Sprachwitz sich für die Anredeformel just den *Zwetschkenröster* und den *Kupferstecher* aussuchte, bleibt wohl ein Rätsel. Hans Mayer reklamiert *Freund und Kupferstecher* im Buch «Der richtige Berliner in Wörtern und Redensarten» für Berlin:

«Freund und Jönner! (hochverehrter), Anrede. Wenn der Angeredete z. B. Lehmann heisst, sagt man auch: ‹Hochverehrter Freund und Lehmann!› – noch älter ist ‹Hochverehrter (alter) Freund und Kupferstecher!›»

Das ist wohl nicht richtig, denn die ältesten Belege kommen aus dem süddeutschen Raum.

In der zweiten Hälfte des 20. Jahrhunderts war *mein lieber (Herr) Gesang(s)verein* als Äusserung der Verwunderung, Verärgerung oder Bekräftigung eine Zeitlang populär. Sie ist seit der Zeit um 1950 belegt und wohl eine Hüllform für *mein lieber (Herr) Gott*. In Michael Mansfelds Roman «Sei kein Untertan» von 1957 sagt Hempel: «Mein lieber Gesangverein, ich verstehe von dem Kram nichts.» Und Eva Zeller schreibt im autobiografischen Roman «Nein und Amen» von 1991: «Hier kenne ich mich aus, mein lieber Herr Gesangsverein, Schleichwege, Zaunlücken, Durchschlupfe durch Ligusterhecken.»

Mit abgesägten Hosen

Wir mögen die abgesägten Hosen nicht. Sie kommen nur noch in Redensarten vor, in denen derjenige, der sie trägt, keinen guten Eindruck macht. Wir müssen entweder *mit abgesägten Hosen dastehen* «blossgestellt, blamiert sein» oder *mit abgesägten Hosen davongehen* bzw. *heimgehen* «unverrichteter Dinge fortgehen, mit Verlust etwas aufgeben, beschämt abgewiesen werden».

Die abgesägten Hosen folgten zeitlich auf die Pluder-, Plump- oder Pumphosen, die im 17. Jahrhundert in Mode waren. Offenbar waren die zu raumfüllenden Pluderhosen in der Eidgenossenschaft bereits im 16. Jahrhundert ein Ärgernis, denn ein Tagsatzungsabschied von 1546 lautet:

«Das vor Jahren erlassene Verbot gegen das Tragen von Feuerbüchsen und unnützen weiten Hosen, in welchen jene leicht verborgen werden können, wird wenig beachtet; zudem hält man es für Übermut, 20–30 Kronen an ein Paar Hosen zu hängen; desshalb sollen die Vögte verordnen, dass Jedermann die grossen Bluderhosen enger machen lasse.»

Von englischen Massnahmen über diese raumgreifenden Plumphosen weiss der «Kourier an der Donau» vom 21. Juli 1837 zu berichten:

«Gegen das Ende des 16. und zu Anfang des 17. Jahrhunderts mussten in England gegen die Plumphosen mehrere Parlamentsbeschlüsse erwirkt werden, so unermesslich weit wurden damals diese Kleidungsstücke getragen und dazu auf so furchtbare Weise ausgestopft, dass ein Herr mit einer recht stattlichen Plumphose wenigstens zwei Klafter im Umfang hatte.»

Bis zum Beginn des 18. Jahrhunderts seien diese Plumphosen ganz verdrängt worden, erklärt uns August Eugster im Buch «Die Gemeinde Herisau» von 1870 und fährt fort:

«Um diese Zeit tauchten die ‹Spaniol-› oder ‹Schattirhosen› auf. Sie reichten nur drei Finger breit unter das Knie und bekamen desshalb den Spitznamen ‹abgesägte Hosen›. Sie erhielten sich neben den Spitzhosen bis 1800, wo dann durch die Franzosen die französischen, d.h. unsere jetzigen Beinkleider Eingang fanden.»

Die Französische Revolution machte also die kurzen Spaniolhosen zu einem lächerlichen Kleidungsstück von Ewiggestrigen. Doch schon davor waren die *abgesägten Hosen* ein Kleidungsstück der ungeliebten Herren des Ancien Régime. Als 1760 die Landsgemeinde von Appenzell Innerrhoden einen neuen Landvogt für die gemeineidgenössische Landvogtei Rheintal wählen sollte und sich zwei altgediente Herren zur Wahl stellten, fragte der populäre Wirt des Bades Gonten, Anton Joseph Sutter:

«Gehören denn die einträglichen Stellen den reichen Käuzen mit abgesägten Hosen? Könnten Bauern von gesundem Menschenverstand nicht eben so gut die Landvogtei regieren? Ist es besser Reiche zu bereichern als einen gemeinen Mann zum Herrn zu machen?»

Sutter gewann die Wahl und seine Gegner mit den abgesägten Hosen mussten geschlagen abziehen. Hat Sutter 1760 wirklich gesagt, was kolportiert wird, wäre das der früheste Beleg für den Begriff *abgesägte Hosen*. Auch der zweite Beleg *abgsèget Hòsa* «Stutzhosen» ist appenzellisch; er stammt aus Titus Toblers «Appenzellischem Sprachschatz» von 1837. In einer Innerschweizer Quelle von 1848 ist von Geistlichen Herren die Rede «mit und ohne Kutten und abgesägten Hosen» und 1865 erzählt der Solothurner Landarzt Jakob Hofstätter in «Aus Berg und Thal» von den «Esiwyter (Jesuiten) mit länge schwarze Chutte, abgsagte Hose und Dreiröhrehüet». Die Bezeichnung *abgesägte Hosen* scheint sich vom Appenzellischen aus in der Deutschschweiz verbreitet zu haben, und das Duden-Buch «Redewendungen» sowie das «Variantenwörterbuch der deutschen Sprache» behaupten denn auch, die Redensart *mit abgesägten Hosen dastehen* «blossgestellt, blamiert sein» sei «schweizerisch».

Das stimmt nicht, denn die frühesten Belege für die Redensarten sind süddeutsch. In einer Textsammlung des Stuttgarter Verlegers Johann Scheible von 1846 sagt in einem Puppenspiel der Hans Wurst zu Don Juan: «Aber apropos, wenn das Mensch sieht, dass Ihr der Dummerlipperle nicht seyd, so wird sie Lärmen machen, und dann könnt Ihr wieder mit den abgesägten Hosen losdrucken.» Im Heidelberger «Volksführer» vom 13. April 1849 lesen wir, dass schon oft «dergleichen tugendhafte Männer [haben] abgehen müssen mit abgesägten Hosen». Auch der in Breslau geborene Karl Spindler braucht die Redensart wiederholt, z.B. in seinen «Herbstviolen» von 1855: «Der Orgelirer und das Bäbele hatten mich rein ausgestohlen, und ich und das Amt, wo ich sie verklagte, haben sie nirgends mehr auftreiben können. So kam ich mit abgesägten Hosen nach Hause.» Und 1868 wird die Redensart bereits in eine elsässische Sprichwörtersammlung aufgenommen, in Daniel Dollfus-Aussets «Mühlhuser-Ditsche Sprichwörter – G'setzle – Vers» in der Form *mit abgsegte Hose abmarschiere* «se retirer désavantageusement».

Der früheste Deutschschweizer Beleg für die Redensart *mit abgesägten Hosen* «blamiert», den ich gefunden habe, ist aus dem Baselbiet. In der Mundartidylle «Der Her Ehrli» von 1863 des Baselbieters Jonas Breitenstein kommen Herr und Frau Guldenstern überein, dass sie die schriftliche Werbung von Herr Ehrli um ihre Mine abschlägig beantworten wollen. Sie möchten sie mit Louis Laib verkuppeln. Also abgemacht, sagt Guldenstern seiner Frau:

«[…] mer mache's,
Wie de mer grothe hesch, und flechte ne Kerbli, ne zierligs,
Dem Glicksritter, und mit abgsägte Hose se kan er
Ammenen anderen Ort si Glick probiere, bi uns nit.»

Das kleine Körbchen, das sie flechten wollen, ist natürlich das Zeichen dafür, dass Herr Ehrli einen Korb bekommt. Im Lustspiel «Am Wahltag oder d'Frau Vize-Amme» von 1899 des Aargauers Hans Fleiner sagt Susanne zu Fritz, mit dem sie eine Wette abgeschlossen hat, die sie sicher zu gewinnen meint:

«I hät euch doch für gschiter agluegt, as ihr sind. Bis i fünf Minute isch d'Wahl dusse und denn hämmer's gunne und ihr chönnet mit abgsagete Hose hei laufe. Grob sind er aber schlau nid.»

Die Redensart *mit abgesägten Hosen* findet man in einigen Mundartwörterbüchern, z. B. im «Berndeutschen Wörterbuch»: *mit abgsaagete Hose dervoga* «unverrichteter Dinge fortgehen, mit Verlust etwas aufgeben», im «Baseldeutsch-Wörterbuch» von Suter: *mit abgsägte Hose* «unverrichteter Dinge», und im «Zürichdeutschen Wörterbuch»: *mit abgsaagete Hose daastaa* «ratlos dastehen».

Die Redensart ist heute noch gängig: Maja Beutler schreibt in «Beiderlei» von 1991: «Sogar, wen e Maa grossi Tön vo sech git, steit er plötzlech mit abgsaagete Hose da.» In der «Bilanz» vom 5. November 2009 lesen wir: «Mit abgesägten Hosen stehen dann jene Anleger da, die in Panik ihre Aktien mit Verlust exekutiert haben», im «St. Galler Tagblatt» vom 7. Oktober 2019: «Die Kurden stehen ohne ihren bisherigen amerikanischen Verbündeten mit abgesägten Hosen in der Landschaft», und in der «Schaffhauser az» vom 5. August 2021: «Die übrige Journaille sass währenddessen mit abgesägten Hosen in Washington.»

Mit der grossen Kelle anrichten

Im dreibändigen Wörterbuch «Die deutsche Sprache» (2014) von Duden und im «Variantenwörterbuch des Deutschen» von 2004 gilt die Redensart *mit der grossen Kelle anrichten* «grosszügig sein, nicht sparsam wirtschaften» als Helvetismus. Der älteste Beleg, der mir vorliegt, stammt aus dem Buch «Wahrheit und Dichtung: Sammlung Schweizerischer Sprüchwörter» (1824) von Melchior Kirchhofer, der Pfarrer in Stein am Rhein war: *man muss nicht mit der grossen Kelle anrichten*. Der Philologe Karl Simrock hat sie 1846 in identischer Form in seine Sammlung «Deutsche Sprichwörter» aufgenommen. Im dritten Band des «Schweizerdeutschen Wörterbuchs» von 1885 ist *mit em groosse Chelle aarichte* oder *mit de groosse Chelle aarichte* «reichlich geben, verschwenderisch haushalten», je nachdem das Gerät männliches oder weibliches Geschlecht hat, belegt für Basel, Bern Schaffhausen, Thurgau und Zürich. Aber auch hier sind keine älteren Belege verzeichnet, obwohl das Wort *Kelle* seit Beginn des 17. Jahrhunderts in Quellen vorkommt.

Auch in vielen Mundartwörterbüchern kommt die Redensart vor, so im «Berndeutschen Wörterbuch» *mit der grosse Chelle aarichte* «verschwenderisch haushalten», im «Zürichdeutschen Wörterbuch» *mit de groose Chelen aarichte* «verschwenderisch sein», im «Schaffhauser Mundartwörterbuch» *mit em groose Chelle aarichte* «verschwenden».

An aktuellen Beispielen fehlt es nicht: der «Berner Oberländer» behauptet am 3.August 2013: «Um die erwartete Viertelmillion Schwingfestbesucher bei Laune zu halten, müssen die Schwingfestmacher mit der grossen Kelle anrichten.» Am 18. Juli 2016 berichtet «Cash»: «Ein Branchenexperte sieht Nestlé in Zukunft mit der grossen Kelle anrichten.» Und auf «heiraten.ch» chattet ein User am 26. September 2012: «Muess gar nöd immer mit de grosse Chelle agrichtet sii.»

Viel älter als *mit der grossen Kelle anrichten* und im ganzen deutschen Sprachraum verbreitet ist *mit dem grossen Löffel anrichten*, denn *grosser Löffel* ist die ältere Bezeichnung für *Kelle*. Der älteste mir vorliegende Beleg stammt aus einem Fastnachtsspiel aus dem Jahr 1551 von Hans Sachs: «Du most vil genewer hauss-halten / Mit dem grosn loffl nit richten ahn.» In seinem Buch «Mannhaffter Kunst-Spiegel» von 1663 erläutert der Architekt und Mathematiker Joseph Furttenbach, dass man gegen die Gewalt der Meereswellen «von den allergrösten stärckesten Quatterstucken ein Molo (Mole), oder mächtigen Tham (Damm) / in die tieffe des Meers hinein» setzen, eben «nach dem alten Sprichwort / mit dem grossen Löffel anrichten» müsse. Diese Redensart finden wir ebenfalls im dritten Band des «Schweizerischen Idiotikons»: *mit em groosse Löffel aarichte* «grosstun, verschwenden» mit Belegen aus Schaffhausen und Thurgau. Neuster Beleg ist ein Leserkommentar zu einem Artikel der «Neuen Zürcher Zeitung» vom 19. Mai 2016: «Naturschutz in Ehren. Aber in der kleinen Schweiz kann man nicht mit dem ‹grossen Löffel› anrichten!»

Häufig liest man jedoch im alten Schrifttum *mit dem grossen Löffel essen* bzw. *mit dem grossen Löffel aufschöpfen* oder *ausschöpfen*. Im «Hug Schapler» von 1537, einer Prosaübersetzung eines französischen Heldenepos, lesen wir, dass Hug, der ohne Zuchtmeister aufwächst, «nur stäts (als man pflegt zusagen) mit dem grossen löffel auff[schöpffe]» und das väterliche Erbe verschwende. Der Reformator Johannes Mathesius warnt in seinem «Syrach» von 1588: «Derhalben sey züchtig und messig / ja gewehne dich nicht / und lass dich auch nicht gelüsten mit grossen Herrn / oder mit dem grossen Löffel zu essen.» Und Georg

Khuen merkt in seiner «Christlichen und ainfeltigen erklerung Des Heyligen Evangely Johannis» von 1572 an, dass viele, die bei den Türken gefangen sässen und nach Brot und einer dünnen Suppe lechzten, früher auf Schlössern mit Reichtum geprunkt und «tapffer mit dem grossen löffel» hätten «auf schöpffen lassen». In der «Memminger Chronik» von 1660 vermutet der Arzt Christoph Schorer sogar, die Herkunft der Redensart zu kennen: Im Jahr 1490 sei eine grosse Hungersnot gewesen. Am Freitag nach Martini habe man angefangen, den Hungernden Habermus zu geben, und zwar «einem jeden Menschen / der es begehrte / einen grossen Löffel voll / welcher insonderheit darzu gemachet ward (daher gewiss noch das Sprichwort rühret / dass wann einer Gast isset / man sagt: Er esse mit dem grossen Löffel)».

Mit der grossen Kelle wird in neuer und neuster Zeit nicht nur *angerichtet,* sondern nach älterem Sprachbrauch auch *geschöpft.* Im Artikel «Zum Tabakmonopol» in der «Gewerkschaftlichen Rundschau für die Schweiz» vom April 1914 lesen wir: «Leider muss angenommen werden, dass man auch hier auf der einen Seite mit der grossen Kelle schöpfen wird, so dass für die Arbeiter höchstens ein Almosen übrigbleiben dürfte.» Und im Protokoll der Landratssitzung des Kantons Basel-Landschaft vom 30. November 2000 wird Regierungsrat Peter Schmid zitiert mit den Worten: «Die Stadt Liestal könne begreiflicherweise nicht mit der grossen Kelle schöpfen.»

Die Beispiele zeigen, dass die Redensarten *mit der grossen Kelle anrichten* oder *schöpfen, mit dem grossen Löffel anrichten, mit dem grossen Löffel essen, mit dem grossen Löffel auf-* oder *ausschöpfen* zuerst von der Vorstellung der reichlichen oder gar verschwenderischen Zuteilung oder Einnahme von Essen ausgehen. In der Folge verlieren sie die enge Bindung an das Essen und können ganz allgemein im Sinne von «verschwenderisch sein» verwendet werden.

Erwähnt sei hier noch, dass man streitende Eheleute oder Amtsgenossen in Gewahrsam zu nehmen pflegte und ihnen nur einen Löffel und eine Schüssel zum Essen gab, damit sie wieder lernen sollten, miteinander auszukommen. In einer Breisacher Quelle von 1610 mahnt man zwei Münsterwächter, entweder legten sie ihren Streit bei oder «man werdt sye sonst bede in das goldschmiedsloch zusamen sezen und ein leffel geben, biß sye eins werden». Laut einer Berner Quelle von 1630 sind zwei Eheleute «zusamen ynglegt worden zu eim löffel und schüsslen» und 1660 berichtet die Memminger Chronik, man habe «2 ehleuth, so uebel mit einander gelebt, in das blockhauss gethan und mit einem loeffel essen lassen».

Mundartbewahrer

Seit gut zehn Jahren macht in Deutschland ein Wort die Runde: *Mundartbewahrer.* Oft wird es neutral gebraucht und meint einen Menschen, der seine Mundart spricht und mit seiner Mundart öffentlich auftritt in einem Umfeld, in dem der Mundartgebrauch schwindet. So melden die «Heimatkundlichen Blätter Zollernalb» am 31. August 2005, dass der Balinger Bürgerverein eine Mundart-CD herausgegeben hat. Und der Verfasser des Artikels schreibt, die Liste der Mitwirkenden lese sich «wie das ‹Who ist who› sämtlicher Balinger Mundartbewahrer». Die ARD kündigt am 28. November 2017 die Sendung «hallo hessen» an, in der Frank Lehmann liest, der als «Mundartbewahrer aus Hanau» vorgestellt wird. In der Sendung ist zudem Lars Vorberger zu Gast. Er wird als «wissenschaftlicher Mitarbeiter am Forschungszentrum Deutscher Sprachatlas» bezeichnet. Wer sich also als Laie mit Mundart beschäftigt, ist ein *Mundartbewahrer,* wer das als Wissenschaftler tut, ist hingegen ein *wissenschaftlicher Mitarbeiter.*

Im «General-Anzeiger» vom 17. Mai 2022 schreibt Jörg Manhold vom «Kölner Mundartbewahrer Wolfgang Niedecken», und im «Tagesspiegel» vom 30. März 2021 Nadine Lange: «Heute wird der Humanist und Mundartbewahrer 70.» Ganz anders sieht das Matthias Cameran in einem Interview mit dem Frontmann der Gruppe BAP auf «eulenfisch.de». Er schreibt: «In seinen Songs greift Wolfgang Niedecken seine Gedanken und Erlebnisse auf, nicht als Mundartbewahrer, sondern in authentischer Umgangssprache.» Hier meint *Mundartbewahrer* ganz offensichtlich jemanden, der eine Mundart spricht, in der ältere Wörter und Sprachformen vorkommen, die in der gängigen Alltagsmundart von den meisten nicht mehr gebraucht werden. In diesem Kontext klingt *Mundartbewahrer* wie ein Vorwurf und riecht arg nach ewiggestrig.

In der Deutschschweiz habe ich in diesem Zusammenhang das Wort *Mundartbewahrer* noch nicht gelesen, man spricht oder schreibt in einem solchen Fall eher von *Puristen*. Im Kästchen zu einem guten Artikel über Mundart, den ich in der «Aargauer Zeitung» vom 21. September 2019 gelesen habe, gerät ein Berner Radiojournalist, der statt dem Ausdruck *geschter am Aabe* das Wort *nächti* brauchte, in den Verdacht, ein Purist zu sein.

Nun ist es heute wohl so – das vermute ich, gemessen habe ich es nicht –, dass die meisten Mundartsprecherinnen eher *geschter am Aabe, geschter z Oobe* usw. sagen als *nächti* und *vorgeschter am Aabe, vorgeschter z Oobe* als *vornächti*. Man sagt wohl heute auch eher *letschts Jaar* und *vorletschts Jaar* als *fäärn* und *vorfäärn* oder *es wiirt Herbscht* als *es herbschtelet*. Aber weshalb soll, wer die älteren Formen braucht, ein Purist sein? Wer, bitte, entscheidet zwischen erwünschter Normalmundart und unerwünschter Puristenmundart? In unserer mundartlichen Sprachgemeinschaft sprechen Menschen unterschiedlichen Alters, deren Wortschatz mehr oder weniger traditionelle Mundartwörter und Sprachformen enthält. Sind wir mit der Einebnung gesellschaftlicher Unterschiede heute so weit, dass wir all jene negativ etikettieren, die nicht ins Fahrwasser irgendeiner flotten Mehrheitsströmung passen, d.h. auch diejenigen, die sich erlauben, ältere Mundartwörter zu gebrauchen. Auf der anderen Seite wird jeder Sprachfurz der Jugendsprache hochgelobt, auch wenn er nach wenigen Monaten bereits wieder verschwunden ist. Ich habe nichts gegen Jugendsprachen, nur gegen ihre schon etwas altersbemoosten Hochjubler, die sich dem Objekt ihrer Anbetung nur noch schnappatmend zuwenden können.

In unserem Alltagsdialekt hat der traditionellere Ausdruck genau so viel Berechtigung wie der Ausdruck traditionsferner Jugendlicher. Ich auf jeden Fall lasse mich von Wörtern wie *Agerschte, Hereggäägger, Himugüegeli, herbschtele, gschwungni Niidle, Anke, Guggumere, zmörgele, säärble, schnaagge, wisawii* nicht abbringen, obwohl es sicher mainstreamiger wäre *Euschtere, Eichuhääher, Mariiechäferli, Herbscht wäärde, Schlagraam, Butter, Guurke, früestücke, chränkle, chrüüche, gägenüber* zu sagen.

Wer heute ältere Mundartwörter braucht oder sich mit älterer Mundartkultur befasst, muss damit rechnen, belächelt und mit der Fliegenklatsche *bluemets Trögli* traktiert zu werden von den Mainstreamigen und der Kultur-Schickeria, die so gerne Grenzen ziehen zwischen Alt und Jung, Stadt und Land, Eigen und Fremd, in und out. Die so gerne Schublädchen finden für dasjenige, das sie im Parfüm ihrer Zuneigung ersaufen, und anderes, über das sie boshaft Häme träufeln. Damit muss er oder sie leben lernen, wie eine alte Jägerin und Sammlerin, die Grenzen gerne überschreitet, weil unser Ökotop keine Kommode mit Schubladen ist, sondern offenes Gelände zum Umherstreifen und Wandern, in dem wir jedem Zaun, sei er physisch oder geistig, ein Stirnrunzeln entgegensetzen sollten.

Nachbar

Der *Nachbar* ist uns wichtig, weil er uns nahe ist. Deshalb hat sich das Wort *Nachbar* in unserem Wortschatz breitgemacht; viele andere Wörter sind aus ihm hervorgegangen: Dutzende von Zusammensetzungen mit *Nachbar-* von *Nachbarareal* über *Nachbarort*, *Nachbarrecht*, *Nachbarsfamilie* und *Nachbarwissenschaft* bis *Nachbarzimmer*. Viele Zusammensetzungen auf *-nachbar* von *Bettnachbar* über *Stallnachbar* bis *Zimmernachbar*. Die Ableitung *nachbarlich* mit den Zusammensetzungen *freundnachbarlich*, *gutnachbarlich*. Die Ableitung *Nachbarschaft* mit den Zusammensetzungen *Nachbarschaftshaus*, *Nachbarschaftshilfe*, *Nachbarschaftsrecht*, *Nachbarschaftsstreit* und die Ableitung *nachbarschaftlich*. Und schliesslich die Ableitung *benachbart*, älter auch *vernachbart*, das Partizip des alten Verbs *benachbaren;* dieses gehört zum veralteten Verb *nachbaren* «sich gesellen zu», das wir nur noch in der verkleinerten Mundartform *nööchberle* «sich vertraulich näher kommen, besonders von Mann und Frau» kennen.

Der heutigen gekürzten Wortform *Nachbar* sehen wir ihre Herkunft nicht mehr an. Im Deutschen des Mittelalters war das Wort ursprünglich dreisilbig *nâchgebûr,* zusammengesetzt aus *nâch*, das in unseren Mundarten heute noch als *naach* erhalten ist, im Neuhochdeutschen aber *nahe* lautet. *Nahebar* ist nur selten belegt, z. B. in einer Predigt (1571) von Georg Witzel: «bey seinem Nahebar» und in Thaddä Anselm Rixners «Handwörterbuch der deutschen Sprache» von 1830: «Nachbar […], quasi Nahebar, […] der ganz in der Nähe wohnt».

Der zweite Wortteil *gebûr* meint «Miteinwohner, Mitbürger», «Dorfgenosse, Bauer» und «Nachbar». *Gebûr* ist eine

Bildung mit der Vorsilbe *ge-* zu *bûr* «Haus», das heute nur noch im Wort *Vogelbauer* «Vogelkäfig» erhalten ist. *Bûr* ist eine Kurzform von *bûwer* und abgeleitet vom Verb *bûwen* «bauen». *Nâchgebûr* ist ein Wort westgermanischen Ursprungs, lautete im Altenglischen *nēahgebūr,* aus dem sich zweisilbiges neuenglisches *neighbour* entwickelt hat. Auch im Deutsch des Mittelalters existierte neben der dreisilbigen bereits die um die Vorsilbe *ge-* erleichterte Form *nâchbûr,* die bei uns in einigen Dialekten als *Naachpuur,* mit abgeschwächter zweiten Silbe *Naachper,* erhalten ist.

In zwei grossen mittelalterlichen Dichtungen begegnen wir der dreisilbigen Form. Der «Parzival»-Prolog Wolframs von Eschenbach fängt an mit dem wunderbaren Verspaar: «Ist zwîvel herzen nâchgebûr, / daz muoz der sêle werden sûr», was meint, dass der Zweifel, der im Herzen wohnt, die Seele ins Verderben führt, wobei der Zweifel von Unsicherheit über religiösen Zweifel bis zur Verzweiflung reichen kann. Im «Tristan» Gottfrieds von Strassburg reimt sich wieder «sûr» auf «nâchgebûr» in der Aussage, dass keine Nesselart so «sûr», d.h. schlimm sei, wie «der sûre nâchgebûr». Offenbar hatten es Nachbarn schon im Mittelalter nicht leicht miteinander.

In einigen Regionen veränderte sich ab der Zeit um 1400 der lange *u*-Laut zu einem *au,* deshalb begegnen wir 1482 im Strassburger «Vocabularius Ex quo» der Form *nachgebaur* und in einem Rechtsbuch von 1473 zweisilbigem *nachbaur.* Aus diesem entstand im Mitteldeutschen im 16. Jahrhundert die Form *nachbar* mit abgeschwächter Endsilbe, die Luther und andere verbreiteten. Sie hat sich bis heute erhalten.

Hervorheben will ich das Wort *freundnachbarlich,* das in der Kanzlei- und Kameralsprache des 17. Jahrhunderts sehr oft verwendet wurde. Es entstand wohl aus der älteren Formel *freundlich und nachbarlich,* die zu *freund- und nachbarlich,* dann zu *freund-nachbarlich* abgekürzt werden konnte, wie in der « Kurtzen Chronick» (1586) von Laurentius Surius (Lorenz Sur), in der wir lesen, dass man «die Statt Strasburg freund- und nachbarlich ersuchen solte», den kaiserlichen Befehlen endlich zu genügen. Eine der wichtigsten Anleitungen zur Abfassung offizieller Schriften war Kaspar Stielers «Der Allzeitfertige Secretarius oder: Anweisung auf was maasse ein ieder halbgelehrter bey Fürsten / Herrn / Gemeinden und in seinem Sonderleben / nach ieziger Art / einen guten / wolklingenden und hinlänglichen Brief schreiben und verfassen könne» von 1679. Da steht in einem Glückwunschbrief zu einer Bischofswahl:

«Also erfreuet uns hingegen / dass solcher Abgang / durch E(uer) L(iebden) ergangene Wahl wiederum ersetzet / massen wir deroselben hiermit / freundnachbarlich gratulieren auch von Gott dem Allerhöchsten die Kraft seines heyligen und guten Geistes / zu friedlicher Regierung und sonsten viel Glück / Heil / und gnadenreiches Gedeyen / beständige Gesundheit und langes Leben wünschen.»

Die heutige Amtssprache mag weniger blumig sein, aber *freundnachbarlich* ist immer noch in Mode, wie die «Neue Zürcher Zeitung» am 10. Mai 2003 berichtet:

«Die Beziehungen zwischen der Schweiz und Liechtenstein seien gut, freundnachbarlich und besonders eng, wiederholte Bundespräsident Pascal Couchepin am Freitag nach seinem Gespräch mit Fürst Hans-Adam II. und der Regierung die traditionelle Umschreibung des Näheverhältnisses.»

Erstaunlich ist, dass zu *Nachbar* heute keine Redensarten gängig sind. Bekannt sind nur einige Zitate, wie «es kann der Frömmste nicht in Frieden leben, wenn es dem bösen Nachbarn nicht gefällt» aus Schillers «Wilhelm Tell» und im Englischen die Verszeile «good fences make good neighbours – gute Zäune machen gute Nachbarn» aus dem Gedicht «Mending Wall» des amerikanischen Lyrikers Robert Frost.

Christophorus Lehmann zählt in seinem «Politischen Blumengarten» von 1630 jedoch eine ganze Reihe Nachbar-Redensarten und -Sentenzen auf, wobei die meisten zeigen, dass Nachbarschaft problematisch ist, z. B.:

«Wer einen bösen Nachbar hat / der hat ein Täglich unglück», «Mancher wärmbt sich lieber bey dess Nachbaren brandt als dass er solt leschen helffen», «Ein böser nachbar kann mehr schaden thunn als ein Frembder Ertzfeindt», «Schnecken tragen ihr Hauss mit sich damit sie nicht beim bösen Nachbarn wohnen dürffen», «Ein guter Nachbar ist besser als ein Kleinoth im Kasten», «Wenn dess nachbarn Hauss liehter lohen brent / so lass das leschen unnd erhalt das deine».

Einige dieser Sentenzen hielten sich, wie das «Schweizerische Idiotikon» zeigt, bis in die Neuzeit: *En guete Nochber und e guets Dach sind ame Hus öppis wärt, besser en Nochber a der Wand als en Brüeder über Land, wenn d'Nachpure nit wäre, so wär alles sicher, wer bösi Nochbere hed, muess-si sälber rüeme.*

Nachrichten

Eines Tages fragte mich meine Tochter: Du, weshalb hören wir am Radio eigentlich *Nachrichten*. Die Französisch Sprechenden hören *les nouvelles,* die Englisch Sprechenden *the news*. Was gibt es denn da bei uns nachzurichten? Ich konnte ihr nicht aus dem Stegreif antworten, was mich natürlich wurmte, weil die Frage so einfach und so klar war.

Das Wort *Nachricht* ist seit dem 17. Jahrhundert belegt. Etwas länger, nämlich bereits seit der Mitte des 16. Jahrhunderts nachweisbar ist *Nachrichtung*. Wenn im Titel einer Chronik von 1577 behauptet wird, das Buch sei «zu guter nachrichtung zugebrauchen», meint *nachrichtung* hier «etwas, nach dem man sich richten kann». Diese Bedeutung hat auch *Nachricht* in Belegen aus dem frühen 17. Jahrhundert. In einer Schweizer Urkunde von 1602 heisst es, «brief umb käuf sollen jedem nachfahren zur nachricht überantwortet werden»; gemeint ist hier, «jedem Nachfahren, damit er sich danach richten kann». Häufig ist im 17. Jahrhundert die Formel, eine Urkunde sei *zu Wüssenschaft und Nachrichtung* ausgestellt, d. h. dass man sie zur Kenntnis nehme und sich danach richte.

Nachrichtung und *Nachricht* haben jedoch von Anfang an eine zweite Bedeutung, nämlich «Bericht, Mitteilung, Information». Laut der Schrift «Peinlich Halsgericht» von 1569 soll entlöhnt werden, wer über einen Gesetzesbrecher «nachrichtung geben» kann, damit er gefasst wird. *Nachrichtung geben* meint hier eindeutig «Bericht geben, Mitteilung machen, informieren». Im 17. Jahrhundert werden viele Texte als *Nachricht* gekennzeichnet, die etwas mitteilen oder über etwas berichten und informieren. So 1663 die «Gewisse Nachricht / von der Vestung Neuhäusel in Ober

Hungarn», die berichtet, wie die Festung im Türkenkrieg 1663/64 an den osmanischen Grosswesir übergeben wurde.

Nachricht steht also von Anfang an sowohl für lateinisches *instructio* als auch für *informatio*. Es ist abgeleitet vom sehr vieldeutigen Verb *richten* mit der Grundbedeutung «recht machen», das auf Sprachliches bezogen auch in den Wörtern *ausrichten, benachrichtigen, Benachrichtigung, Bericht, berichten, richten* im Sinne von «Recht sprechen», *Unterricht, unterrichten* vorkommt. Eine *Nachricht* im Sinne von *informatio* ist also in ihrer ursprünglichen Bedeutung eine «nachträgliche richtige Mitteilung über einen Sachverhalt, der sich zugetragen hat». Abgeschwächt wird es im Verlauf der Zeit zu «Bericht, Mitteilung über Geschehenes». Im Duden-Buch «Die deutsche Sprache» von 2014 wird das Wort so erklärt: «Mitteilung, die jemandem in Bezug auf jemanden oder etwas [für ihn persönlich] Wichtiges die Kenntnis des neuesten Sachverhalts vermittelt.» In den Printmedien wird das Wort in der Mehrzahl für Zeitungstitel verwendet, z. B. bereits im 18. Jahrhundert: «Donnerstags-Nachrichten von Zürich», «Nördlingische wöchentliche Nachrichten» und bis heute «Schaffhauser Nachrichten», «Freiburger Nachrichten». Im 19. Jahrhundert entstanden die ersten *Nachrichtenagenturen*, die mit der Erfindung der Telegrafie grosse Bedeutung für Handel, Politik und Medien erhielten, und seit dem 20. Jahrhundert kennen wir die *Nachrichtensendung* und das *Nachrichtenjournal*, eben *d Naachrichte*, in den elektronischen Medien. Heute sprechen wir eher von *Newsjournalistinnen*, die *Newsjournalismus* machen und *Newssendungen* produzieren und verdrängen damit das traditionelle Wort *Nachricht,* in dem noch das Richtigmachen anklingt, durch die Neuigkeit, die geliefert wird. Es gibt *Fake News, Fake Nachrichten* wäre ein Widerspruch in sich.

Nicht bei Trost sein

Fragen wie *bisch nid bi Trooscht* «bist du nicht bei Sinnen, bei Verstand» oder *bisch nid ganz* bzw. *rächt bi Trooscht* «bist du nicht ganz bei Sinnen» und Behauptungen wie *di isch nid ganz bi Trooscht* hörte ich in meiner Kinder- und Jugendzeit in den 1950er-Jahren recht oft; meine Mutter mochte die Redensart, weil sie sanfter klang als *spinnsch* oder *hets dr d Sicherig putzt*. Heute höre ich sie kaum mehr. Das «Schweizerische Idiotikon» schreibt wenig dazu, aber im «Deutschen Wörterbuch» hat es zu *nicht (ganz, recht) bei Trost sein,* älter oft *nicht wohl bei Trost sein,* im sehr langen Artikel *Trost* einen Abschnitt, der mit folgenden Worten eingeleitet wird:

«Ein ganz selbständig gewordener, jetzt fast für sich bestehender gebrauch des wortes liegt in der wendung *nicht bei troste sein* vor, die nicht über die mitte des 18. jh. zurückreicht, und deren entstehung aus den anderen bedeutungen von *trost* nicht klar wird, da sie ‹nicht bei sinnen, besinnung, verstand sein› oder geradezu ‹verrückt sein› bedeutet, wennschon sie meist nur im spass oder bei verstellung angewandt wird; […] die wendung gehört vor allem der umgangssprache an und ist daraus erst in die schriftsprache übergegangen.»

Bereits das «Idioticon Hamburgense» von 1755 bemerkte: «Trost wird, ausser der gemeinen Bedeutung, gantz sonderbar gebraucht, wann wir sagen: He is nich recht by Trost: er ist unrichtig im Kopffe.»

Heute ist man nicht viel weiter. Die 10. Ausgabe von Hermann Pauls «Deutschem Wörterbuch» von 2002 sagt «unklar ist der Ursprung». Das sehr gute «Etymologische Wörterbuch des Deutschen», ehemals das etymologische

Standardwerk der DDR, fragt in der Ausgabe von 1995: «Aus der Vorstellung ‹ohne Zuspruch und daher verzweifelt sein› hervorgegangen?»

Damit könnte man es bewenden lassen; aber Suchen macht Spass. Das «Deutsche Wörterbuch» muss ich insofern korrigieren, als die Redensart schon seit Ende des 17. Jahrhunderts belegt ist. Eberhard Werner Happel erzählt in der «Kern-Chronica der merckwürdigsten Welt- und Wunder-Geschichte» von 1690 vom Mörder eines katholischen Priesters, dass er «Päbstlich / aber nicht wol bey Trost» gewesen sei. Und in der «Gelehrten Fama, welche den gegenwärtigen Zustand der gelehrten Welt und sonderlich derer Deutschen Universitaeten entdecket» von 1712 habe ich einen interessanten Beleg entdeckt. Im Abschnitt «Nachricht von medicinischen Sachen» ist vom «Bibe Helleborum» die Rede, d.h. vom Nieswurz-Trank. Nieswurz war in der Antike als nicht ungefährliches Mittel gegen Wahnsinn bekannt; Demokrit tadelt z.B. Hippokrates dafür, dass er Nieswurz gegen seinen angeblichen Wahnsinn mitgenommen hat. In der «Fama» lesen wir nun, dass «Bibe Helleborum» von einem «Menschen genommen [wird] / der seines Verstandes beraubt ist». Dazu zitiert das Buch die auch andernorts belegte Redensart *naviges Anticyram* «du segelst nach Antikyra», die mit «du bist nicht wohl bey Troste» übersetzt wird, weil bei Antikyra auf der Halbinsel Phokis Nieswurz «sehr reichlich anzutreffen war». In Johann Philipps von Carrach «Thesaurus» von 1777 ist *nicht wohl bey Troste (im Gehirne nicht gesund oder nicht wohl verwahret) seyn* ebenfalls übersetzt mit «Anticyram navigare».

Ab Ende des 18. Jahrhunderts wird *nicht bei Trost sein* öfters verwendet. In Philipp Ludwig Bunsens Lustspiel «Siegfried von Lindenberg» von 1790 fragt die Hauptfigur: «Ist denn der Kerl bei Trost?», und Lichtenberg schreibt in seiner «Ausführlichen Erklärung der Hogarthischen Kupferstiche» von 1794: «vermutlich etwas schwindelich, oder sonst nicht recht bei Trost».

Der nicht negative Ausdruck *bei Trost sein* taucht erst im 19. Jahrhundert auf, ist wohl vom negativen abgeleitet und selten. In einer Geschichte im «Morgenblatt für gebildete Leser» von 1856 geht es um Pferde. Die eine Figur fragt: «Frisst der Falb wieder? Ist der Anfall nochmal kommen?» Und der Angesprochene antwortet: «Alles ist bei Trost, es war Verstellung.» In Julius Gans von Ludassys Drama «Der Sonnenstaat» von 1904 sagt eine Figur: «Der Bursche ist bei Trost / ich hab' mit ihm gesprochen.» In beiden Beispielen meint *bei Trost sein* «in Ordnung sein, sich normal benehmen».

Heute hört oder liest man *nicht bei Trost* sein nur mehr selten. Auf «das-parlament.de» wird zum 27. November 2017 festgehalten:

«So räumte Bundesaussenminister Sigmar Gabriel (SPD) ein, dass ‹wir nicht recht bei Trost wären›, würden die Abgeordneten mit der Frage nach einem weiteren Einsatz deutscher Soldaten in Afghanistan ‹nicht im wahrsten Sinne des Wortes ringen›.»

Das Wort *Trost* hatte in der älteren Sprache eine breite Palette an Bedeutungen, der von «Hoffnung, Stärkung, Zuspruch, Zuversicht» über «Beistand, Hilfe, Zuflucht, Erlösung, Heil» bis zu «Abwehr, Rettung, Arznei» reichte. Auch wenn man das in Betracht zieht, bleibt die Redensart *nicht (wohl, recht, ganz) bei Trost sein* rätselhaft. Die schönste poetische Deutung findet sich beim Schriftsteller Jean Paul in der «Jubilate-Vorlesung über die neuen Poetiker» in der «Vorschule der Ästhetik» von 1804:

«Einst, wo der Dichter noch Gott und Welt glaubte und hatte, wo er malte, weil er schauete – indess er jetzt malt, um zu schauen – da gab es noch Zeiten, wo ein Mensch Geld und Gut verlieren konnte und mehr dazu, ohne dass er etwas anderes sagte als: Gott hat es gethan, wobei er gen Himmel sah, weinte und darauf sich ergab und still wurde. Was bleibt aber den jetzigen Menschen nach dem allgemeinen Verluste des Himmels bei einer hinzutretenden Einbusse der Erde? – Was dem auf dem Glanz-Schwanz eines poetischen Kometen nachschwimmenden Schreiber, wenn ihm der Kometen-Kern plötzlich zermalmt wird? Er ist dann ohne Halt des Lebens, oder wie das Volk sich richtig ausdrückt, nicht mehr bei Troste.»

Pappenstiel

Am 16. Mai 2022 betitelte die «Badische Zeitung» einen Artikel über Wohnungslosenhilfe mit «Die Arbeit ist kein Pappenstiel» und am 22. Dezember 2022 titelte die «Schwalbacher Zeitung»: «19 Millionen Euro sind kein Pappenstiel». Wir verstehen, ohne überlegen zu müssen, was gemeint ist, weil wir wissen, dass die Redensart *kein Pappenstiel sein* meint «nicht wenig, keine Kleinigkeit sein». Desgleichen verstehen wir *keinen Pappenstiel wert sein* «nichts wert sein» und *für* oder *um einen Pappenstiel* «für nichts, sehr billig». Den meisten dürfte es jedoch schwerfallen zu erklären, was ein Pappenstiel ist. Redensarten funktionieren so: Wir wissen, wofür wir sie brauchen können, aber wir können sie in der Regel nicht erklären und wissen von einzelnen Wörtern nicht, was sie meinen.

Das Duden-Buch «Redewendungen» von 2020 sagt, die Herkunft dieser Redensarten sei nicht sicher geklärt und erzählt folgende Geschichte:

«Vermutlich ist das Wort ‹Pappenstiel› aus ‹Pappenblumenstiel› entstanden und bezeichnet eigentlich den Stängel der Pappenblume. Der Name ‹Pappenblume› stammt aus niederdeutsch pāpenblōme = ‹Löwenzahn› (eigentlich ‹Pfaffenblume›). Die Verwendung von ‹Pappenstiel› im Sinne von ‹Wertloses› geht dann von dem Bild der vom Wind verwehten Federkronen des Löwenzahns aus.»

Ich traue dieser Geschichte nicht, weil ich das Wort *Pappenblume* im ganzen 16. und 17. Jahrhundert nur einmal belegt finde in Martin Luthers «Eyn Freyheyt dess Sermons» von 1518: «Und zuvormeyden vil wort / lass ich faren und befelh den lieben wind […] die ubrigen vorgeben wort / wie die pappen blumen / und dorren bletter – Um viele Worte zu vermeiden, gebe ich auf und befehle den lieben Winden die übrigen vergebenen Worte an, wie die Pappenblumen und dürren Blätter.» Was Luther mit *Pappenblumen* meint, ist nicht klar. *Pappenstiel* ist hingegen viel prominenter. Eine Pappenstiel-Redensart kommt bereits in der Mitte des 16. Jahrhunderts vor. Philipp Melanchthon, ein enger Vertrauter Luthers, schreibt in der Vorrede seiner «Postill» von 1552:

«Die [Christen] werden so freydig / trotzig und mutig wider den Todt / Sünde / Teuffel / Hell und Welt / das sie umb all ir drewen (Drohen) / schrecken und sawer sehen / nit ein Pappen stiel geben / geschweig das sie derhalben vom bekendtnuss abweichen / oder die thaten Gottes verschweygen wollten.»

Mit *um etwas nicht einen*, d. h. *keinen Pappenstiel geben* meint Melanchthon «nichts geben um etwas», denn ein Pappenstiel ist ein Nichts. Wenig später braucht der Landsknecht und Dichter Hans Wilhelm Kirchhof in seinem «Wendunmuth» von 1563 dieselbe Redensart wie Melanchthon, nur schreibt er *Pappelstiel* und nicht *Pappenstiel*. Er zählt in seinem Text dreizehn Dinge auf, die man sich nicht wünschen würde, und schliesst mit den Worten: «Für diese dreytzehen noch so viel / gibt niemand gern ein Pappelstiel.» Die *Pappenstiel*-Belege überwiegen zwar in der Folge, aber *Pappelstiel* hält sich bis ins 19. Jahrhundert.

Pappenstiel und *Pappelstiel* sind im 16. Jahrhundert nicht nur in Redenarten, sondern auch als Pflanzenbezeichnungen belegt. Im Jahr 1563 erscheint die deutsche Übersetzung des «Kreuterbuchs» von Pietro Andrea Mattioli, das in der Pflanzenkunde eine grosse Wirkung erzielte, weil Mattioli der Leibarzt Erzherzog Ferdinands II. und Kaiser Maximilians II. war. In diesem Buch bezeichnet *Pappenstiel* den «Rohrkolben», lateinisch *Typha,* also jene Sumpfpflanze, die man in vielen Mundarten auch *Fläscheputzer* oder *Kanuuneputzer* nennt. Mattioli schreibt: «Die Narrenkolben nennet man auch Seekolben / Mosskolben / Liessen / Knospen und Pappenstil. Wachsen in weichern (Weihern) / pfudeln / und wassergestaden.» *Pappen* nennt er die Flugsamen, welche vom Wind weggetragen werden, und warnt: «Man sol sich hütten / das die Pappen oder verfliegende wollen nicht etwa ins ohr kommen / denn sie bringen die taubheit.» In der deutschen Übersetzung des «Kreutter Buchs» (1546) von Pedanios Dioscurides ist die Rede von den «härigen wollechten blumen / welche man zuo Latein Pappos» nennt. Friedrich Müller übersetzt in seinem «Lexicon medico-galeno-chymico-pharmaceuticum» von 1661 *Typha* mit *Pappelstiel*.

Pappenstiel und *Pappelstiel* sind in botanischen Schriften des 16. und 17. Jahrhunderts gängige Bezeichnungen für den Rohrkolben (Typha). Als *Pfaffenstiel* und *Pfaffenröhrlein* bezeichnet man ab der ersten Hälfte des 16. Jahrhunderts den «Löwenzahn». Johannes de Cuba nennt in seinem «Kreuterbuoch» von 1540 den Löwenzahn *Pfaffenrörlin, P(f)affenstil, Pfaffenblatt*. Auch in Bartholomäus Zorns «Botanologia medica» von 1714 wird der Löwenzahn *Pfaffen-Röhrlein, Pfaffenstiel* und *Pfaffenblatt* genannt. Diese Bezeichnungen waren im Hochdeutschen üblich. Und wäre mit dem *Pappenstiel* in der Redensart wirklich der Löwenzahn gemeint, weshalb gibt es keine Redensarten-Belege mit *Pfaffenstiel?*

Ich zweifle angesichts der Belege nicht daran, dass mit *Pappenstiel* der «Rohrkolben» gemeint ist. Weshalb er zum Synonym für «etwas Wertloses, ein Nichts» wurde, lässt sich wie folgt erklären. Erstens dürfte die Pflanze in nassen Wiesen für Bauern ein wucherndes Ärgernis gewesen sein. Zweitens lassen sich vom Rohrkolben im Unterschied zum Schwaden oder zum Buchweizen keine essbaren Samen gewinnen. Verwendet wurden nur die voll blühenden, wollenen Kolben als Kissenfüllung und die langen Blätter als Dichtungsmaterial für Schiffe und Fässer, wie Hieronymus Bock in seinem «Kräutterbuch» von 1539/46 berichtet.

158

Abenteuerlich ist die Geschichte, die Wolf im «Wörterbuch des Rotwelschen» erzählt. Er stützt sich auf ein Zitat Luthers aus der Schrift an die Pfarrer, gegen den Wucher zu predigen. Luther erwähnt diejenigen, die «sollten einen Ruben stil leihen dem / der sie beleidiget hat». Mit dem von Luther erwähnten *Rübenstiel* ist etwas völlig Wertloses gemeint, da bei der Rübe die Wurzel gegessen und das Kraut weggeworfen wird. Wolf behauptet nun, dass der *Pappenstiel* an die Stelle des *Rübenstiels* getreten sei, weil man aus der Rübe eine *Pappe* «Mus» mache; *Pappenstiel* stehe für «Rübenkraut». Das ist frei erfunden.

Im dritten Band des «Versuchs eines vollständigen grammatisch-kritischen Wörterbuches der Hochdeutschen Mundart» von 1777 erklärt Adelung zu *Pappenstiel,* es sei «ein nur im gemeinen Leben im figürlichen Verstande übliches Wort, eine unerhebliche Kleinigkeit, eine nichtswürdige Sache zu bezeichnen». Dazu ergänzt er:

«Das Wort ist dunkel. Bedeutet es etwa den Stiel von einem abgenutzten Breylöffel? Oder steht der Stiel hier in seiner weitesten Bedeutung eines schmahlen dünnen Stückes, da denn das Wort einen solchen Abgang von Pappe oder Pappendeckel bedeuten würde?»

Adelung zeichnet sich, wie fast immer, aus durch seine argumentative Vorsicht. Er behauptet nicht, er fragt, mögen uns die Fragen heute auch etwas abwegig scheinen, weil wir elektronisch mit ungleich mehr Quellen arbeiten können als er zu seiner Zeit. Bemerkenswert ist, dass er uns nicht glauben machen will, mit *Pappenstiel* sei in der Redensart der Löwenzahn gemeint. Diese Geschichte wurde erst im 19. Jahrhundert erfunden und wird bis heute weitererzählt, auch in Nachschlagewerken, deren Autoren wenig geneigt scheinen, aufgrund gezielter Recherchen offene Fragen besser zu beantworten.

Sanktnimmerleinstag

Wollen Französisch Sprechende etwas auf unbestimmte, ferne Zeit hinausschieben oder vertagen, drücken sie das seit dem 16. Jahrhundert oft mit dem Ausdruck *payer, renvoyer* oder *remettre aux calendes grecques* aus. Der Philosoph François de La-Mothe Le-Vayer schrieb in seinen «Dialogues» bereits 1506 «remettre aux Calendes Grecques». *Aux calendes grecques* ist die französische Übersetzung der lateinischen Redensart *ad calendas graecas*. Der römische Autor Sueton (70–122) braucht den Ausdruck in seiner Biografie des Kaisers Augustus: *ad calendas graecas solvere* mit der Bedeutung «nie zahlen», weil die Griechen keine Kalenden, d. h. Bezeichnungen der ersten Monatstage, kannten.

In der deutschen Sprache können wir diesen fernen Zeitpunkt, der nie eintreten wird, mit dem Wort *Sanktnimmerleinstag* benennen. Der «Tages-Anzeiger» setzt am 2. März 2017 über einen Artikel, der die Berner Young Boys betrifft, den Titel «Erfolglos bis zum Sanktnimmerleinstag». Die «Wiener Zeitung» titelt am 17. Januar 2021 «Aufsperren am Sankt Nimmerleinstag: Lockdown für Kulturbetriebe wird verlängert». Sogar in unserer Mundart wird das Wort gebraucht. In Gotthelfs «Michels Brautschau» von 1849 sagt Sami: «Mutter, so geht dies bis z'Niemerlistag».

Wir haben uns den Sankt Nimmer erfunden, weil im alten katholischen Kalender die Tage Heiligen zugewiesen waren: Der Johannistag, der Tag Johannes des Täufers, ist der 24. Juni, der Tag der Heiligen Barbara, lateinisch *dies Santa Barbara,* der 4. Dezember, um nur zwei zu nennen. Weil es keinen Sankt Nimmer gibt, ist der Sanktnimmerleinstag eben nie. Vielleicht geht diese Bezeichnung aus von der im Mittelhochdeutschen des hohen Mittelalters wiederholt gebrauchten Bezeichnung *niemer tac* oder *niemertac* mit der Bedeutung «nicht einen Tag», also «nie».

Wann taucht der Sankt Nimmer in der deutschen Sprache auf und wer hat ihn erfunden? Auf die erste Frage können wir eine gut belegte Antwort geben, auf die zweite nicht. Die Belege weisen auf eine Spielerei unter Renaissancegelehrten. Der früheste Beleg, den ich gefunden habe, stammt aus der Schrift «Pappa puerorum» von 1513 des niederländisch-norddeutschen Humanisten Johannes Murmellius. Er schreibt: «Die gross schuldt so bernhart gemacht hat, wurt er an sant nimmerlins tag bezalen.» Im Jahr 1530 braucht der Reformator Martin Luther die Redensart in seiner Schrift «Der Widertauffer lere»: «Ja lieber / hette ich so lange gelt zu zelen / so wolt ich wol / bis zu S. Nimmers tage kein not leiden.» Der Jurist Kaspar Frank führt die Redensart in seinem «Nachdruck» von 1575 ohne «Sankt» auf und verbindet sie mit *ad calendas graecas:* «das geschehen wirdt auff den nimmers tag oder calendas Graecas.» Im 17. Jahrhundert überwiegt die Form *Sankt Nimmers Tag,* so beim lutherischen Theologen Anton Reiser in «Ursachen ohne Ursachen» von 1666: «trage aber fast Sorg / es werde auch dieses mit vielem andern auf S. Nimmers Tag anstehen». Johann Sommer ersetzt in seiner «Ethographia Mundi» von 1614 *sankt* durch *heilig:* «als dann wird's auff des Heiligen Nimmerlesstag vor gewiss publiciret». Im 19. Jahrhundert setzt sich die Form *Sanktnimmerleinstag* immer mehr durch, so auch in Conrad Wilhelm Kamblis «Die sozialen Parteien und unsere Stellung zu denselben» von 1887: «die Frist kann verschoben werden, aber nicht bis zum Sankt Nimmerleinstag», und im Protokoll über die Verhandlungen des Parteitages» (1896) der Sozialdemokratischen Partei Deutschlands: «dann kommen wir überhaupt nicht zu einer Entscheidung in der Zoll- und Handelsfrage, dann müssen wir bis auf den Sankt-Nimmerleinstag warten».

Die Nebenform *Nimmermehrstag* ist seit dem 17. Jahrhundert belegt. Im «Latini sermonis castellum» von 1646 braucht Johann Konrad Merck «auff nimmermehrstag» neben «zu Pfingsten auff dem Eyss» als Übersetzung von *ad calendas graecas*. In Samuel von Pufendorfs «Kriegs-Geschichte» von 1688 lesen wir: «Hierauf sagten so wohl vornehme als gemeine Catholischen: Die Evangelischen solten ihre Kirchen auf den Nimmermehrstag wieder bekommen.» Es gibt sie bis heute. Auf «cdu-walldorf.de» sagte Christian Winnes am 13. April 2019: «damit ein neues Feuerwehrhaus entsteht – und zwar nicht am Sankt-Nimmermehrstag!»

Für den Zeitpunkt, der nie kommen wird, gibt es verschiedene Redensarten. *Anno Tobak,* in der Mundart *anno Tubak: da chaisch waarte bis anno Tubak* kennen wir heute noch. Andere sind längst verschwunden, wie einige, die der Zürcher Josua Maaler in «Die Teütsch spraach» von 1561 aufführt:

«Zuo keiner zyt, zuo pfingsten auff dem eyss, kraamen, wenn zwey krämer auff einanderen kommend, zuo wienacht in der ernd, auff s. Niemerlis tag.»

Man kann diesen Zeitpunkt auch so beschreiben wie Heinrich Heine in einem Brief vom 5. Oktober 1854 an Joseph Lehmann, in dem es um Heines «Geständnisse» geht:

«Aber wenn ich auch Campe den Auftrag gebe, dasselbe Ihnen zu senden, so bekommen Sie es gewiss doch erst an dem Tage, wo auch der Messias eintrifft, wenn er, der alten Tradition nach, auf einem Esel kommt und nicht die Eisenbahn benutzen will.»

Schneckenpost

«Da goot wie mit der Schneggeposcht», lesen wir im «Neujahrsblatt der Naturforschenden Gesellschaft Schaffhausen» von 1949 und verstehen den Ausdruck als «das geht ganz langsam». Früher sangen die Kinder: «Ri ra rutsch, / mir fahre mit dr Kutsch, / mir fahre mit dr Schneckeposcht, / die uns gar ke Heller koscht», eines der vielen Lieder, die mit «Ri ra rutsch» beginnen.

Das Wort *Schneckenpost* ist in der deutschen Sprache seit dem letzten Drittel des 17. Jahrhunderts gut belegt. Prokop von Templin schreibt in seinem «Dominicale aestivale» von 1667 über die Kirchgänger, die zur Messe kommen: «die Reichen […] kommen zu Ross und Wagen auff der Schneckenpost kaum daher / wann der Gottesdienst fast allbereit vorüber ist». Franciscus Settelin doppelt in seinem «Geistlichen Feldbau» von 1675 nach: «Wie offt leutet man mit dennen Gloggen im Thurn / wir wissen dass es ein Gebott der Kirchen / wir hörens ab der Cantzel / wir seynd die Nechste bey der Kirchen / aber layder wir nemmen die Ochsenpost / die Schneckenpost / es gehet alles gar langsam her / man kombt kaum zu der halben Mess / oder zu der halben Predig.»

Die Ochsenpost oder *die Schneckenpost nehmen* meint hier «ganz langsam gehen». Auch im Buch «Leben und Thaten der aller-berühmtesten See-Helden» von 1681, der deutschen Übersetzung eines Werks des niederländischen Admirals Michiel Adrianszoon de Ruyter, wird berichtet, dass eine Truppenverstärkung «auf der Ochsen- oder vielmehr auf der Schneckenpost» gekommen sei.

Der Ausdruck *auf der Ochsenpost* ist älter als *auf der Schneckenpost;* er ist bereits seit der Zeit um 1600 belegt. In «Gegen Antwort: Auf die antwort des Deutschen Doctors und

Prædikanten in der Alten Stadt Prag» von 1618 lese ich: «lang darnach kompt des Prædicanten antwort glaub auf der Ochsen Post». Auffällig ist das Nebeneinander von *Ochsenpost* und *Schneckenpost* im letzten Viertel des 17. Jahrhunderts.

Im Italienischen ist der Schneckenpost-Ausdruck deutlich älter als im Deutschen. Der mir vorliegende älteste Beleg stammt aus dem Jahr 1591. In «Florios Second Frutes» von John Florio, Sprachlehrer am Hof Jakobs I., steht der Satz: «Lui scrive per la posta delle lumache.» Und in Giovannio Franceso Loredanos Komödie «La matrigna» von 1601 sagt Almonio: «Vieni a me con la posta delle lumache.» Bereits 1640 finden wir den Ausdruck im «Italian Tutor» von Giovanni Torriano: «Con la posta delle lumache, by Tom Long the Carrier», wobei *by Tom Long the Carrier* meint «was lange dauert oder lange erwartet wird». Auch in «Catharina Dulcis Schola Italica» von 1623 lesen wir: «Guardate di non mandarle per la posta delle lumache – gib acht, dass du sie nicht mit der Schneckenpost schickst, mach vorwärts». Das deutsche Wort *Schneckenpost* ist wohl eine Lehnübersetzung aus dem Italienischen, die das ältere deutsche *Ochsenpost* verdrängt hat.

Als im 19. Jahrhundert der Telegraph aufkam, konnte die Postbeförderung per Pferdewagen oder Eisenbahn als *Schneckenpost* bezeichnet werden. In der «Maje», einem «Volksblatt für Alt und Jung im deutschen Vaterlande» von 1858, schreibt Carl Stöber: «Es schiesst Einer mit dem Telegraphen her, so heisst es bei dem freundlichen Leser nicht ‹Piff! Paff!› das ist, er schiesst nicht auf dem Telegraphen wieder hin, sondern wirft's in den Schalter der Schneckenpost und denkt dabei ‹dem Herrn X. wird's doch noch bald genug kommen.›»

Heute, im Zeitalter des Computers, hat das Wort auch Eingang gefunden in die englische Sprache: *snail mail* bedeutet laut dem «New Penguin English Dictionary» von 2000: «the ordinary postal system as opposed to e-mail – die Briefpost im Gegensatz zur elektronischen Post». Mit dieser Bedeutung ist der englische Ausdruck ins Deutsche entlehnt worden und wir finden ihn als Lehnwort *Snailmail, Snail-Mail* bereits im Duden-Buch «Die deutsche Sprache» von 2014 mit der Definition: «herkömmliche, nicht elektronische Post». «20 Minuten» vom 24. Juni 2009 setzte über einen Artikel, der informiert, dass die Briefpost teurer wird: «Schneckenpost wird demnächst teurer». Es gibt auch schon einen Popstar mit dem Namen «Snail Mail», nämlich die amerikanische Sängerin und Songschreiberin Lindsey Jordan.

In der Eile, die das menschliche Miteinander ergriffen hat, ist das Wort *Schneckenpost* schillernd vieldeutig geworden.

Schwerenöter

Was ist ein *Schwerenöter?* Könnten Sie diese Frage beantworten? Das Duden-Buch «Die deutsche Sprache» von 2014 beschreibt ihn etwas umständlich als «Mann, der durch seinen Charme und eine gewisse Durchtriebenheit Eindruck zu machen und sich etwas zu verschaffen versteht». Ein Wörterbuch aus dem Jahr 1913 sagt, er sei ein «gewandter Bursche». Das «Schweizerische Idiotikon» bezeichnet ihn als «verfluchte[n] Kerl, Nichtsnutz». Und das «Deutsche Wörterbuch» ist der Meinung, es sei einer, «dem man die schwerenot wünscht, arger schalk, durchtriebener gesell». In diesen Beschreibungen werden Eigenschaften erwähnt, die nicht zusammenzupassen scheinen und die wir heute nicht mehr unbedingt verstehen. Denn was heisst schon *jemandem die schwere Not wünschen*.

Das Wort *Schwerenöter,* älter auch *Schwernöter,* ist eine Ableitung von *Schwerenot,* älter *schwere Not.* Als *schwere Not* bezeichnete man im Mittelalter und der frühen Neuzeit ganz allgemein eine grosse Notlage, eine schwere Bedrängnis, ein grosses Unglück, einen grossen Schmerz. In Ulrichs von Etzenbach «Alexander» aus dem späten 13. Jahrhundert steht Alexander nach einer Schlacht vor seinem toten Wagenlenker. «Im war daz ein swaere nôt, / sîn wagenman lac vor im tôt», schreibt Ulrich. Esaias Heidenreich predigt in einer seiner «Zwölff Türcken Predigten» von 1582 über die «schwere Not der gefengnissen unter dem Türcken».

Seit der Zeit um 1500 bezeichnet *schwere Not, Schwer(e)- not* auch verschiedene Leiden, vor allem die *fallend Sucht, Fallsucht* oder *Epilepsie,* gegen die der heilige Valentinus angerufen wurde. Im «Triumphator Lutherus» (1517) verordnet Matthias Hoë von Hoënegg kurz und bündig: «wider die schwere Noth S. Valentinum». Johannes Wittich empfiehlt in seinem «Künstlich New Artzneybuch» von 1595 gegen die «schwere noth» das aus jungen Schwalben, Raute und Bibergeil gemachte «Schwalbenwasser». «Denen / so in die schwere noth gefallen / sol man in dem anstoss oder paroxysmo (Anfall) / dieses wassers geben auff einmal einen Leffel voll», rät er. Ein medizinisches Buch von 1679 beschreibt einen Epilepsieanfall mit «es war die rechte schwere Noth / denn er schlug mit den Armen von sich / und biss ihm (sich) die Zunge offters dass sie blutete».

Schwerenöter kann demnach einen Epileptiker bezeichnen, wie in einem preussischen Rekrutierungsreglement aus dem 18. Jahrhundert: «Schwere Nöther, Schwindsüchtige, Faulfüssige […] soll man laufen lassen.» *Schwerenot* entwickelte sich aber auch zu einem Fluch und zu einer Verwünschungsformel: *Schwerenot, Schockschwerenot, tausend Schwerenot;* in Goethes «Götz von Berlichingen» von 1773 ruft der Wirt: «Tausend Schwerenot! Schert euch naus, wenn ihr was auszumachen habt.» Und in Jean Pauls «Siebenkäs» von 1796/97 poltert der Schuhflicker Fecht: «Dass dich alle Schock Kreuz-Mohren-Schwerenot! Du Schwerenöterin!»

Schwerenöter konnte deshalb auch jemanden bezeichnen, dem man die Schwerenot wünscht, einen «verfluchten Kerl, Nichtsnutz». Der Hanswurst tobt in Philipp Hafners «Die fürchterliche Hexe Megara» von 1770:

«Tref ich noch einmal einen aus euch beyden, oder gar im Hause bey meinem Schatzerl an, so haut euch dieser Säbel zu einem Lungenmuss zusamm, ihr Schwerenöther!»

Und in «Lottchens Reisen ins Zuchthaus» von 1784 donnert Konsistorialrat von Stillo den Herrn von Trolla in einem Brief an:

«Bringe etwa deine infame und einfältige Religion vor, ich will dich damit jagen bis nach Utopien, du infamer Heiliger Schwernöther!»

In der zweiten Hälfte des 19. Jahrhunderts wird *Schwere-nöter* merklich abgeschwächt. Wander merkt im vierten Band des «Deutschen Sprichwörter-Lexikons» von 1876 an:

«Schwerenöther ist ein leichteres Scheltwort, während es, genau genommen, nur einem Bösewicht zukäme, dem man die Schwerenoth (Epilepsie) anwünschen möchte.»

So wird der *Schwerenöter* schliesslich zu einem «gewandten, galanten, aber auch durchtriebenen Burschen». Eine Erzählung von 1832 nennt den Dichter Ferdinand Freiligrath einen «Tausend-Schwerenöther». Damit ist einer gemeint, der sich in jeder Situation zurechtfindet, ein Tausendsassa. Arnold Genthe definiert in «Deutsches Slang» von 1892:

«Ein gewandter Mensch, der sich durch gesellschaftliche Talente überall beliebt zu machen versteht: ein liebenswürdiger Schwerenöter.»

Das Galante tritt dabei oft in den Vordergrund und zeigt den *Schwerenöter* als einen Herzensbrecher oder Filou, der sich zu seinem Vorteil bei den Damen beliebt zu machen versteht. Auf diese Art charakterisiert Detlev von Liliencron Christian von Dänemark in «Könige und Bauern» von 1900:

«Christian spielte am Hofe in Rotenburg den Schwerenöter rechts, den Schwerenöter links. Die Damen waren entzückt, und – der deutsche König belehnte den Dänen mit Dithmarschen.»

Heute wird die Bezeichnung *Schwerenöter* meistens auf diese Art und Weise benutzt. In der «Welt» vom 1. September 2004 gibt Michael Pilz seinem Artikel über den Sänger Robbie Williams den Titel «Der letzte Schwerenöter». Auf «swr.de» lesen wir am 24. Januar 2018 unter dem Titel «Der Schwerenöter Michael Hutchence und seine Frauen» vom Sänger der australischen Band INXS, wobei im Text selbst die Bezeichnung *Womanizer* verwendet wird und so den alten, vieldeutigen *Schwerenöter* zu einem einfachen *Schürzenjäger* macht.

168

Social distancing

Wir legten, coronaverstört, im Hochdeutschen, aber auch in unseren Mundarten gewaltig zu an Anglizismen. Nicht nur *Social distancing* mussten wir machen, sondern auch *Homeoffice* und *Homeschooling,* sogar *Homefitness* im *relaxten Home-Gym,* als Ältere auch *Homeshopping,* weil wir fast mit einem *Lockdown* oder *Shutdown* leben mussten. Stellen Sie sich vor, wir hätten *vonenang Abstang nää* müssen, oder *uf Dischtanz gaa zunenang, vo deheimen uus schaffe* und *mit de Ching deheime leere, üüs deheime fit phaute* und *vo deheimen uus iichouffen* oder *öpper für üüs ga la Komissioone mache,* weil *ds öffetleche Läbe fasch ganz stiuschteit* und *di meischte Bude zue sii.* Da klänge unser Corona-Leben plötzlich so gewöhnlich, dass wir es in unserem Betroffenheitskater fast nicht mehr ausgehalten hätten. Wir machten unser eingeschränktes Leben mit Anglizismen bedeutender, damit wir uns nicht wie Termiten vorkamen, die in ihren Gängen herumkrabbeln.

Glücklicherweise stand in den Läden vor der Kasse bei den roten Strichen am Boden *Abstand beachten* und nicht *social distancen.* Aber das Verb war dennoch bald kreiert; wir können nicht anders. Wenn sich eine neue Sprachform in unserem Wortschatz festsetzt, basteln wir an ihr herum und verändern sie. Auf «drehscheibe.org» lese ich am 24. März 2020: «wir lernen nicht nur, wie gut oder schlecht wir im Social distancen sind», auf «swr.de» am 17. Mai 2020: «wir social distancen ja schon wie die Profis», auf «derstandard. at» am 8. Januar 2021: «der wollt nur social distancen», und auf «it-it.facebook.com»: «wer ohnehin unter Depressionen leidet, hat es social gedistancet heutzutage doppelt so schwer».

Dasselbe ist festzustellen bei *Homeoffice*. Auf «digilife24. com» wird «Hilfe fürs Büro und Heimoffice» angeboten, auf «taz.de» lesen wir am 30. April 2020: «wer zahlt, wenn man beim Homeofficen vom Dienstrechner aufsteht», auf «soundcloud.com» am 18. Juni 2021: «fertig homegeoffict», auf «hausbau-forum.de» am 26. September 2017, schon vor Corona: «davor kann gehomeoffict werden» und auf «achgut. com» am 2. Juni 2020: «weil ich schon seit einiger Zeit gehomeofficet beziehungsweise homegeofficet bin».

Noch diverser wurde es bei *Homeschooling*. Auf «around-rosenheim.de» lesen wir am 15. Mai 2020: «ich hab aber ganz schnell gemerkt, dass Heimschooling voll bescheuert ist», auf «rund-ums-baby.de» am 28. Januar 2021: «Homeschuling ist doch toll», auf «blog.tagesanzeiger.ch» am 5. Juli 2019: «dass es einige Eltern gibt, die ihre Kinder hervorragend Homeschoolen können», auf «rehakids.de»: «Eltern sollen ihre Kinder homeschulen dürfen», auf «spiegel. de» am 20. Februar 2021: «Fühlen Sie sich auch gerade so homegeschoolt», auf «blog.tagesanzeiger.ch» am 19. April 2013: «die homegeschulten Kinder», und auf «efg-giessen. de» am 19. März 2020: «die Kinder müssen plötzlich komplett zuhause betreut und gehomeschoolt werden».

Auch *lockdownen, gelockdownt* und *shutdownen, geshutdownt* lassen sich belegen. Seit längerem schon gibt es zu *Fitness fitnessen* und *gefitnesst,* zu *Homeshopping homeshoppen* oder *homeschoppen, homegeshoppt* und *gehomeshoppt*. Innerhalb eines Freiraums, in dem einige grammatikalische Gewohnheiten wirken, entwickeln sich im Sprachspiel des Alltags viele Wortformen mit deutsch- und englischsprachigen Merkmalen. Wir verstehen sie, auch wenn einige uns exotisch anmuten.

Bei *Social distancing* ist übrigens nur der Begriff neueren Datums, was er ausdrückt, gab es früher schon, manchmal mehr als einen Monat lang. Wie es vor über hundert Jahren war, beschreibt der Autor Simon Gfeller, der auf einem kleinen Emmentaler Bergbauernhof aufwuchs, in seinem autobiografischen Buch «Drätti, Müetti u dr Chlyn» von 1931:

«Wi-n-es isch, we me d'Sunndigfreud mit de Kamerade muess etbehre, het der Chlyn ou erläbt. Sibe Sunndige het er nie vo Huus dörfe, wil d'Muul- u Chlauesüüch ischt im Stal gsi; sibe Wuche si die uf em Waldgüetli vom Läben abgschnitte gsi, wi der Robinson uf syr Insle. […] Nid es Bei het si dörfe zuehe lo, ke frömde Möntsch unger'sch Dach cho! Herrgott, isch das e ländtwyligi Zyt gsi.»

Ähnlich klingt es im «Neujahrsblatt der Naturforschenden Gesellschaft Schaffhausen» von 1968:

«I säbem Winter hät d'Muul- und Chlauesüüch i de Ställe vo üsem Dorf gwüetet. 's Väh isch nonid abgschlachtet wore. Jedes betroffeni Puurehus hät me iighaget und drei Wuche het niemer ie oder usse dörfe.»

Obwohl *Social distancing* bei Simon Gfeller mit *nie vo Huus dörfe* und *nid es Bei het si dörfe zuehe lo* beschrieben ist, erlebten es diejenigen, die es traf, damals viel einschneidender als wir heute: Sie hatten keine elektronischen Medien. Dieses Erlebnis war so prägend, dass man mit einer Redensart sagte, *i ha de übrigens nid d Muu- u Chlaauesüüch*, wenn sich jemand zu reserviert verhielt. Was die Bauersleute damals erlebten, war wirklich *Social distancing*, denn der soziale Kontakt zu den befallenen Höfen war vollständig abgeschnitten. Wir praktizierten zu Coronazeiten jedoch viel eher *Physical distancing*. Uns war der soziale Kontakt nicht verboten, wenn wir den nötigen Abstand einhielten. Also gingen wir *uf Dischtanz zunenang* und nahmen *Abschtang* zu gewissen Vorhaben, die sich unter dem Coronaregime nicht durchführen liessen.

Schauen wir uns das Alter dieser englischen Bezeichnungen an. *Social distancing* mit der jetzigen Bedeutung «Abstand halten», ist ein Ausdruck, der im Englischen bereits seit den 1930er-Jahren belegt ist. Im Jahr 1973 schrieb Andrew Ivan Schwebel das Buch «Physical and Social Distancing in Teacher-Pupil Relationships». Der Titel zeigt deutlich, dass mit *Social distancing* ursprünglich nicht räumliches, sondern mentales Abstandnehmen gemeint war. Dieser Anglizismus ist also für das räumliche Abstandhalten sehr schlecht gewählt, denn er sagt, was er nicht meint. Eigentlich sollten wir *Physical distancing* sagen oder, noch besser, *Abstand halten;* das würde auch besser verstanden.

Homeoffice ist ein «alter» Anglizismus, der bereits im Duden-Buch «Die deutsche Sprache» von 2014 steht. Er hat die Bedeutung «mit moderner Kommunikationstechnik ausgestattetes Büro im eigenen Wohnhaus»; in der Corona-Krise eher einfach «Arbeit (via Computer) von zu Hause aus». Beim *Homeofficen* mutierten auch die Konferenzgespräche und Konferenzschaltungen zu *Conference Calls.*

Wie *Homeschooling* und *Homelearning* ist auch das *Homeshopping* «Einkaufen per Bestellung (besonders über das Internet) von zu Hause aus» seit 2014 im Duden.

Dann kam es in stark betroffenen Gebieten zum *Shutdown* oder *Lockdown*. *Shutdown* meint in der Computersprache «Herunterfahren». Doch das Wort ist in der englischen Sprache viel älter als der Computer. Es ist seit dem 19. Jahrhundert belegt mit der Bedeutung «Schliessen einer Fabrik». Im Jahr 1832 ist in den «Records and Briefs of the United States Supreme Court» von der «probability of plant shutdown – Wahrscheinlichkeit einer Werkschliessung» die Rede. Das Wort ist im Duden von 2017 noch nicht erwähnt.

Das Verb *to lock down* mit den Bedeutungen «schliessen» und «einrasten» ist seit dem 18. Jahrhundert belegt. Das Substantiv *lockdown* stammt aus dem amerikanischen Englischen, ist seit dem 19. Jahrhundert belegt und meint ursprünglich «Abriegelung, Sperrung», z. B. von einem Gebäude oder Gelände bei einem Anschlag oder Amoklauf. Auch der *Lockdown* fehlt im Duden von 2017 noch.

Mit *Shutdown* oder *Lockdown* bezeichneten wir in der Coronakrise das «Schliessen (fast) aller Arbeits- und Produktionsstätten und der öffentlichen Einrichtungen» bzw. das «fast vollständige Stillstehen des Erwerbslebens».

Weil man in den vom Coronavirus heimgesuchten Staaten die Bewegungsfreiheit der Menschen einschränkt, will man wissen, ob sie sich an die Vorschriften halten. Dafür brauchen die Kontrollinstanzen in vielen Ländern *tracking tools* «Verfolgungswerkzeuge», mit denen sie über das Handy feststellen können, wohin die Benutzer gehen und wo sie sich aufhalten. Sie *tracken* die Nutzer und verwarnen oder bestrafen die *Getrackten,* wenn sie sich fehlbar verhalten haben.

Besonders pikant finde ich am Eifer, uns möglichst auf Englisch auszudrücken, die Tatsache, dass von verschiedenen Seiten moniert wird, das Konzept der Globalisierung müsse nach Corona neu überdacht werden. Einen grossen Teil unserer Sprache haben wir in vorauseilendem Gehorsam, englisch *gebrainwasht* oder *braingewasht,* schon mal aufgegeben.

Tschäärbis

Das Wort *tschäärbis* brauche ich heute kaum mehr, obwohl ich mir keine Sekunde überlegen muss, was es heisst, weil ich es in meiner Kinder- und Jugendzeit oft gehört habe. Meine Mutter sagte etwa: *Du hesch d Chappe ganz tschäärbis uf em Chopf* «schief, schräg» oder *du hesch dr Puloower ganz tschäärbis anne* «schief, verquer». Das Wort, das manchmal *tschäärbis, schärbis, schärpis, scherpis* oder *schäriss* gesprochen wird, kommt in vielen Mundarten vor. Wir finden es z. B. im «Berndeutschen Wörterbuch»: *tschärbis* «quer, schief, verkehrt», im «Baseldeutsch-Wörterbuch» von Suter: *schäärbis* «schief», im «Zürichdeutschen Wörterbuch»: *schärbis* «quer, schief, schräg», im «Schaffhauser Mundartwörterbuch»: *schäriss* «schräg, schief» und im «Simmentaler Wortschatz»: *tschärbiss* «quer, schräg».

Es ist auch im Mundartschrifttum recht gut belegt. In Franz Josef Schilds «D'r Grossätti us 'em Leberberg» von 1880 lesen wir «d'Erde steit aber chlei tschärbis uff ihrem Weg», in einer Mundartanekdote von 1892 des Luzerners Josef Roos schaut ein Knecht «das Brod eso schärbis» an, und im Theaterstück «Der Schärer-Micheli» (1949) von Ernst Balzli sagt Barbara: «U weisch, morn chäm is wieder öppis andersch tschärbis dry.»

Die Herkunft von *tschärbis* erklärt uns das «Schweizerische Idiotikon», und zwar im achten Band von 1918. Die heutigen Formen hätten sich entwickelt aus dem Ausdruck *schär-wis* «Scher-weise, auf die Art einer Schere», was ursprünglich wohl «schräg überkreuz» meinte. Dass sich ein *w* zu einem *b* verschieben kann, ist ein oft beobachteter Lautwandel: *Kirchweih–Chilwi–Chilbi* oder *sperwaere–Sperber*.

Auf die ursprüngliche Bedeutung weist eine Quelle von 1250 aus dem aargauischen Bremgarten. Ein Weg sollte so breit sein, heisst es dort, dass «einer ein wisboun», d.h. ein langes, rundes Stück Holz, «scher wise für (vor) sich uf ein ross neme». In einer Basler Quelle von 1543, welche die Grenzen des Weidegangs beschreibt, finden wir das Wort bereits in der Bedeutung «schräg»: «von der Erlachen uff die lingke Hand scherwiss abhar bitz zuom Keibenkopf», wobei *schwerwiss abhar* «schräg hinunter» meint. Eine Form mit *b* statt *w* finden wir in einer Grenzbeschreibung einer Zofinger Quelle von 1520: «geht dann scherbis hinüber gegen Kaspar Frey Haus», d.h. «schräg hinüber».

Zum Anlaut *t* in *tschäärbis,* vermutet Otto von Greyerz in einer «Sprachpille» von 1940, er sei eine Lautangleichung von *z* vom Ausdruck *z schäre-wiis.* Dabei gilt es zu beachten, dass es Formen mit *sch-* und *tsch*-Anlautwechsel nicht selten gibt: *schuld/tschuld, schutte/tschutte, schiengge/tschiengge.*

Einige Leser und Leserinnen werden einwenden, es gebe ja auch die Wörter *scheps, schäps* und *tweris, twäris* mit der Bedeutung «quer, schief schräg». Beide Wörter sind mit *tschäärbis, schärpis* jedoch nicht direkt verwandt. *Schepp, scheps* sind Intensivbildungen zu *schief. Twäris* ist abgeleitet vom alten deutschen Wort *twerch* «quer», das sich später zu *zwerch* entwickelte und noch in unseren Wörtern *überzwerch* und *Zwerchfell* vorkommt.

Ein Wort, das zu den erklärten eine gewisse Nähe aufweist, ist berndeutsches *tromsig(s)* mit der ursprünglichen Bedeutung «rechtwinklig quer», dann aber auch «verkehrt, schief». 1911 lesen wir in einem Mundarttext über ein Mädchen: «Alls hets hindefüür aaggattiget, gäng ischs tromsigs u gäng tschäärbis drinne gsii.» *Tromsig* ist laut «Deutschem Wörterbuch» eine Bildung zu *Troom* «Querbalken» und wohl eine verschliffene Form von *z troomswiis.*

Tue doch nid eso groossgchotzet!

Warum sagen wir *tue doch nid eso groossgchotzet,* wenn wir jemanden grob anfahren und ihm bedeuten, er solle nicht so angeben bzw. hochmütig und blasiert tun? Im «Berndeutschen Wörterbuch» ist *grossgchotzet* «hochmütig, parvenuhaft» unter dem Stichwort *gross,* im «Zürichdeutschen Wörterbuch» steht bei *groossgchotzet* «angeberisch, prahlerisch» die Bemerkung «vulgär» und der Beispielsatz: *Er tuet eso groossgchotzet.* Im «Obwaldner Mundart-Wörterbuch» finden wir *groossgchotzet* «angeberisch» und in «Wallissertitschi Weerter» neben *groossgchozz(o)t* auch *groosschozzig* «prahlerisch». Das Wort ist also in unseren Mundarten gut bekannt. Auch im Internet finden wir viele Belege, vor allem in Foren, z. B. im «toeff-forum.ch»: «Du seisch da grosskotzet dassi kei ahnig han vo was ich rede.» Auch die hochdeutsche Übersetzung *grossgekotzt* ist gang und gäbe, z. B. schreibt die Klatschkolumnistin Maja Zivadinovic im «Tagblatt der Stadt Zürich» vom 17. Oktober 2014: «Klingt grossgekotzt, ist grossgekotzt und trotzdem wahr.»

Doch *grossgekotzt* ist ein Helvetismus, die gemeindeutsche Entsprechung heisst *grosskotzig.* «20 Minuten» titelt am 2. März 2014 zum Thema «Pocher am Opernball»: «Sowohl grosskotzig als auch rassistisch». Der «Stern» titelt am 3. März 2004 «Grosskotzig kommt vor Gericht nicht gut» und der «Tagesspiegel» am 5. Juli 2011 «Gescheiterte Bewerbungen: Berlin war zu grosskotzig, Leipzig zu klein».

Im «Deutschen Wörterbuch» und in älteren Quellen finden wir *grosskotzig* nicht. Laut dem «Handlichen Wörterbuch der deutschen Alltagssprache» von Heinz Küpper soll das Wort im 19. Jahrhundert aufgekommen sein, und Küpper behauptet, es soll verwandt sein mit «grosse Brocken spucken», weil *spucken* ja als Synonym zu *kotzen* verwendet werden kann. Anderer Meinung bezüglich seiner Herkunft ist Hans Peter Althaus in «Deutsche Wörter jiddischer Herkunft» von 2003. Das Wort *Grosskotz(en)* «Prahlhans, Angeber» sei in Berlin aufgekommen, schreibt er, und eine Bildung zu jiddisch *kozin* «Richter, Magistratsperson, Anführer, Herr, Fürst, Reicher». Auch für Siegmund A. Wolf im «Wörterbuch des Rotwelschen» ist *Kotz, Grosskotz* «Prahler» entlehnt aus jiddisch *kozin* «Reicher». *Grosskotzig* ist demnach von *Grosskotz* abgeleitet, was das Duden-Wörterbuch «Die deutsche Sprache» von 2014 bestätigt. Wir verbinden das Wort heute, wenn wir es brauchen, mit *kotzen*, denn die jiddische Herkunft ist den meisten von uns nicht bekannt.

Übrigens sei noch erwähnt, dass es einst den Ort *Grosskotz* in Bayern gab, der heute *Grosskötz* heisst und Teil von *Kötz* ist.

Über den grünen Klee loben

Die Redensart *jemanden* oder *etwas über den grünen Klee loben* bzw. *preisen* meint «jemanden oder etwas übermässig loben». Das früheste Beispiel für die Redensart finde ich in einer Predigtsammlung aus dem Jahr 1697. Dafür, dass Joseph seinen Brüdern keine Vorhaltungen machte, ihn nach Ägypten verkauft zu haben, lesen wir dort, «lobte [ihn Abt Rupert von Deutz] über den grünen Klee». In der «Dreyfachen Glory» von 1698 schreibt Johann Andreas Graff, wie überschwänglich der heilige Ambrosius die Flucht des heiligen Rochus preist:

«Ebenfahls hat der H. Rochus sein Geburts-Statt völlig auss dem Sinn geschlagen / und sich mit einer rauchen (rauen) strengen Flucht in die Frembt begeben / welche Flucht die Hönig-flüssende Zung Ambrosii über den grüenen Klee lobet.»

Seit dem 18. Jahrhundert und bis heute ist die Redensart sehr gut belegt. So z. B. in einem Missionsbericht aus Indien von 1729, in dem eine Arznei «über den grünen Klee» gelobt wird; in einer Zeitschrift von 1839, in der eine Gruppe von Menschen «gelobt [wird], über den grünen Klee, wie wir im gewöhnlichen Leben sagen»; im Buch «König Hänschen I.» (1988) von Janusz Korczak, in dem «Hänschen über den grünen Klee gelobt» wird, und in der «Basler Zeitung» vom 18. Juli 2019, in der ein Titel lautet: «Ava Phillippe lobt Mama Reese Witherspoon über den grünen Klee».

Aus dem Hochdeutschen kam die Redensart auch in unsere Mundarten. Wir finden sie z. B. im «Zürichdeutschen Wörterbuch»: *öppis über de grüen Chlee rüeme* «über Gebühr loben» und in Johann Ramseiers Buch «Es isch nümme die Zyt wo alben isch gsy» von 1973: «über e grüen Chlee si Ruschtig grüemt».

Die Redensart, deren Herkunft man nicht belegen kann, kommt wohl daher, dass der Ausdruck *grüner Klee* von Dichtern seit dem Mittelalter gebraucht wird, um einen schönen Ort grüner Fülle zu bezeichnen, eine Augenweide, wo man gut ruht oder lebt, wo Verliebte sich treffen oder wo man sich über den wiedererwachten Frühling freut. Als Walther von der Vogelweide in einem Gedicht um ein Lehen bittet, wünscht er sich einen Ort, wo er wohl singen mag «von dem grüenen klê». Der Dichter Neidhart rühmt in einem Gedicht den Barchent eines Frauenkleides, er sei «grüene also der klê». In einer Legende aus dem Jahr 1539 wollen Jungfrauen, um sich zu erheitern, «die blumen und den grünen kle schawen». In einem Lied aus dem Odenwald heisst es, «im Rosengarten / will ich dein warten / im grünen Klee». Sehr viele Beispiele dieser Art lassen sich finden. Der vielgepriesene grüne Klee ist also eine Metapher für den schönen Naturort. Wollte jemand eine Person oder eine Sache über Gebühr loben, war es ganz selbstverständlich, dass man sie noch mehr lobte als den vielgepriesenen grünen Klee.

Uf di liechti Achsle nää

Sind wir der Meinung, jemand nehme etwas unangemessen leicht, sagen wir gern, er oder sie nehme es *auf die leichte Schulter.* «Cash» titelt am 17. Dezember 2021 «Schweizer Aktienanleger sollten Exzesse in New York nicht auf die leichte Schulter nehmen». Sogar in der Mundart predigt Vikarin Corinne Kunz am 23. Februar 2019: «We mer die Frag uf di liechti Schultere näme, de hei aui mögleche Herrschafte es liechts Spiu mit üs!»

Der Emmentaler Mundartautor Simon Gfeller (1868–1943) schrieb nicht *öppis uf di liechti Schultere nää,* sondern *öppis uf di liechti Achsle nää.* Er brauchte die Redensart oft, z.B. in «Landbärner» von 1942: «settigi darf e Wirt nid uf die liechti Achsle näh» und in «Eichbüehlersch» von 1941: «mir dörfe die Sach nid uf die liechti Achsle näh». Das macht er nicht, weil er besonders berndeutsch klingen will, sondern weil das der alte Mundartausdruck ist. Wir finden ihn auch im «Zürichdeutschen Wörterbuch»: *uf di liecht Achsle nèè* und im «Baseldeutsch-Wörterbuch» von Suter: *èppis ùff die lyychti Aggsle nää.*

Etwas auf die leichte Achsel nehmen «etwas unangemessen leicht, nicht ernst nehmen» ist die alte Form der Redensart im ganzen deutschen Sprachraum. Den frühesten Beleg, der mir vorliegt, habe ich in der Predigtsammlung von 1570 des katholischen Geistlichen Michael Buchinger gefunden. Er schreibt:

«Die Hell ist nicht so heiss / als man sagt / Nun wolan / welcher es auff leicht Achsel also nimpt / lug das im nit leyder nachkomme (ihn nicht grösseres Übel einhole).»

Lucas Osiander der Ältere predigt 1599:

«Wir sollen aber nicht gedencken / dass unsere erste Eltern den Zorn Gottes und seine träwungen (Drohungen) /

auff die leicht Achsel genommen / und in den Wind geschlagen haben.»

Während des ganzen 17. Jahrhunderts schrieb man *auf die leichte Achsel nehmen*, z. B. in Martinus Becanus' «Privilegia Calvinistarum» von 1611: «die Calvinisten aber murmelten täglich wider den Babst und die Bischoffe der Kirchen / unnd nemmens auff die leichte Achsel» und in Hartmann Creids «Predigten» von 1662: «das sollen wir nicht über die leichte Achsel nehmen». Selten ist die Form *auf der leichten Achsel tragen*, die im «Beiblatt zur Landshuter Zeitung» vom 6. November 1854 in einem Sinnspruch vorkommt: «Wer bloss will auf der ‹leichten Achsel› tragen, dem soll man auch das kleinste Amt versagen». Richard Maria Werner schreibt in «Vollendete und ringende» von 1900 über die österreichische Natur, die «so gerne die Dinge nimmt, wie sie sind, auch das Ernste scheinbar auf der leichten Achsel trägt». Erst im 18. Jahrhundert kommt die heute gebräuchliche Form auf, z. B. «ich nehme die Sache gar nicht auf die leichte Schulter» (1772) von August Gottlieb Spangenberg. Doch *auf die leichte Achsel nehmen* wurde bis ins 20. Jahrhundert noch häufig verwendet.

Heute wird oft behauptet, *etwas auf die leichte Achsel* oder *Schulter nehmen* gehe zurück auf den Ausdruck *ferre sinu laxo*, den Horaz in seinen Satiren (Sermon III, Vers 172) verwendet. Doch mit *sinus* ist der «Bausch der Toga» gemeint, den man als Beutel verwenden konnte, und *laxus* meint «sorglos, nachlässig». Vom 16. bis ins 18. Jahrhundert wurde er nie mit *auf die leichte Achsel nehmen* ins Deutsche übersetzt, sondern wie im «Horatius Flaccus verdeutschet» von 1707: «*Ferre aliquid sinu laxo*, etwas nachlässiger weise einher tragen», in einer Horaz-Übersetzung von 1787: «sorglos im Busen tragen». Erst seit dem 19. Jahrhundert wird die Redensart *auf die leichte Achsel* oder *Schulter nehmen*, die seit dem 16. Jahrhundert belegt ist, von deutschen Gelehrten mit *ferre sinu laxo* in Verbindung gebracht.

Auf die schwere Achsel nehmen «zu ernst nehmen, schwer-
nehmen, übelnehmen» ist gleich alt wie *auf die leichte Achsel nehmen,* denn in einer Urkunde aus der ersten Hälfte des
16. Jahrhunderts lesen wir: «Doch so muss E. erwirde (Euer
Ehrwürden) die sachen nit also uff die schweren achseln nehmen, dan sy thut sonst niemandt mer schaden, dan ier (als
euch) unnd uns allen.» Manchmal lesen wir seit dem 16.
Jahrhundert auch *auf die hohe Achsel nehmen* mit derselben
Bedeutung. Der Toggenburger Ulrich Bräker schreibt in seinem «Tagebuch des armen Mannes im Tockenburg» von
1792: «Ach! man muss nicht so alles auf die hohe Achsel
nehmen, vieles auch so zu dem einen Ohr hinein und zu dem
andern herausgehen lassen.» Bis in die Mitte des 20. Jahrhunderts sind beide Formen belegt. In Bernhard Sengfelders
Roman «Farm am Yadkin» lesen wir «Veit sollte es aber
nicht auf die schwere Achsel nehmen». Im Jahr 1907 schreibt
Heinrich Leineweber in der Sprichwörtersammlung «Die
Weisheit auf der Gasse»: «Etwas ‹auf die hohe Achsel nehmen› heisst: etwas übelnehmen». Sogar der Mundartautor
Werner Bula braucht in seinem Buch «Tue wi-n-i sött: us em
Läbe vom Chänzeli-Peetsch» von 1941 noch *uf die höchi
Achsle nää:* «so versteisch es gwüss o chly besser u nimmsch
de vilicht nid alls grad eso uf die höchi Achsle».

Die Redensarten, die sich auf das Tragen auf der Achsel,
oft mit Achseljoch, bezogen, waren einst beliebt und wurden
häufig gebraucht. Wenn mich eine Last drückt, dann trage
ich eben schwer an ihr oder ich nehme sie auf die schwer
tragende oder schwere Achsel. Spüre ich sie hingegen nicht,
trage ich leicht an ihr oder ich nehme sie auf die leicht tragende oder leichte Achsel.

Uf em Latrinewääg vernää

In Dänikon im Kanton Zürich sprach ich über Redensarten und ihre Geschichten. Dabei erzählte ich, dass die Redensart *öppis uf em Latrinewääg vernää* aus der Soldatensprache des Ersten Weltkriegs stamme. Normalerweise vernehme man im Dienst etwas *uf em Dienschtwääg,* der *Latrinewääg* sei die subversive Variante hintenrum. Nach dem Vortrag sagten mir ein Zuhörer und eine Zuhörerin, sie hätten auch schon eine andere Erklärung gehört: *Öppis uf em Latrinewääg vernää* sei eine Redensart aus der römischen Antike, denn die Römer hätten ja Latrinen benutzt und seien in diesen zu mehreren gesessen, um ihr Geschäft zu verrichten. Dabei habe man Neuigkeiten ausgetauscht, die nicht im Sinne der Obrigkeit waren. Nachdem ich auch in Ulrich Dellers Buch «Kooperationsmanagement» von 2009 gelesen hatte: «Etwas auf dem ‹Latrinenweg› erfahren, verweist auf die Latrinen (öffentliche Toiletten) als wichtige öffentliche Kommunikationsorte in der römischen Stadt», ging ich der Sache nach.

Latrinenweg ist kein gemeindeutsches Wort; es kommt in keinem Wörterbuch vor. Im Berlin des 19. Jahrhunderts war *Latrinenweg* ein Strassenname; er heisst heute *Barfussstrasse* – wer möchte schon am Latrinenweg wohnen? Deshalb erstaunt nicht, dass die Redensart *etwas auf dem Latrinenweg vernehmen* oder *erfahren* in keinem Nachschlagewerk für deutsche Redensarten verzeichnet ist. Das Hochdeutsche kennt nur *Latrinengerücht* und *Latrinenparole* für «nicht verbürgte Behauptung». Beide Wörter stammen aus der ersten Hälfte des 20. Jahrhunderts. Fritz Wertheimer schreibt in «Von der Weichsel bis zum Dnjestr» von 1915: «Gerüchte schwirren, […] das heisst Kolonnenklatsch, etwas derber in der Soldatensprache ausgedrückt: Latrinenparole!» Peter Purzelbaum erläutert in seinem Buch «Kriegskamerad Humor 1914–1918», Latrinenparolen seien jene Gerüchte, «die schneller als die Trommelsprache der Neger nach rechts bis zur Nordsee und nach links bis an die Schweizer Grenze die Gräben durcheilten und mehr oder minder geglaubt wurden». Das Wort wird eindeutig als soldatensprachlich bezeichnet und stammt ganz offensichtlich aus der Zeit des Ersten Weltkriegs.

Bereits aus dieser Sachlage ist ersichtlich, dass die Redensart *öppis uf em Latrinewääg vernää* nicht aus der römischen Antike stammen kann; die *via latrina* ist ein Hirngespinst. Redensarten aus der Antike gelangten über die Schreibstuben der Renaissancegelehrten, die antike Texte übersetzten, zu uns und müssten deshalb seit der frühen Neuzeit in der deutschen Schriftsprache und auch in anderen europäischen Sprachen belegt sein, wie z. B. *wir sitzen alle im selben Schiff* oder *Boot*. Dies ist beim *Latrinenweg* nicht der Fall.

Die frühesten schriftlichen Belege für das Wort *Latrinenweg,* die mir vorliegen, stammen aus den 1960er-Jahren. Eugen Walter Schmid erwähnt den *Latrinenweg* in seinem Buch «Weisch no? Heitere Erinnerungen aus dem Aktivdienst» von 1964; der *Latrinenweg* wird als inoffizielle Quelle auch genannt im Band 112 von «Schweizer Turnen und Leichtathletik» (1968). Im «Schweizerischen Idiotikon» ist das Mundartwort im Band XV von 1994 aufgeführt: «Nur in der Fügung etwas *uf em Latrinewäg* erfahren, inoffiziell aus dubiosen Quellen. Soldatensprache». Als Variante wird *uf em Schishüsliwääg vernää* erwähnt. *Latrinewääg* und *Schishüsliwääg* kommen jedoch in keinem von mir konsultierten regionalen Mundartwörterbuch vor.

In neuster Zeit ist *auf dem Latrinenweg erfahren* oder *vernehmen* jedoch sehr beliebt, vor allem bei Schweizer Romanautoren und -autorinnen. Hermann Burger benützt die

Redensart in «Die künstliche Mutter» von 1982: «ich hatte es auf dem Latrinenweg der Kapazitätsgeschädigten erfahren», Michael Theurillat in «Rütlischwur» von 2011: «tut mir leid, wenn du es auf dem Latrinenweg erfahren musst», Martin Suter in «Unter Freunden» von 2014: «aber auf dem Latrinenweg hat Biler vernommen, dass er als nicht sehr teamfähig gilt». Silvia Götschi verwendet den *Latrinenweg* in fünf ihrer Kriminalromane, z. B. in «Bärentritt» von 2016: «manchmal erfährt man jedoch etwas auf dem Latrinenweg», in «Interlaken» von 2020: «über den Latrinenweg erfuhr ich», und in «Davosblues» von 2021: «wie ich über den Latrinenweg vernommen habe».

Auch Journalisten und Journalistinnen mögen den *Latrinenweg*. In einem Artikel der «St. Galler Nachrichten» vom 5. Dezember 2013 über städtische Lohnfragen lesen wir: «Die Proteste liessen nicht lange auf sich warten, nachdem die Massnahme – wie andere – über den Latrinenweg an die Öffentlichkeit gelangt war.» Die «Thurgauer Zeitung» vom 11. Mai 2022 berichtet in einem Artikel: «Bei den Planungen für den Schulhausneubau würde mehr Transparenz erwartet, betonte ein Mann. Vieles erfahre man nur über den Latrinenweg.»

Der *Latrinenweg* hat schwach angefangen, erfreut sich heute jedoch zunehmender Beliebtheit.

Um ds Verrode

Die Ausdrücke *um (d)s Verrode* «unbedingt, um alles in der Welt» und *um ds Verrode niid* «um keinen Preis» höre ich kaum mehr und ich brauche sie selber nur noch selten. Früher hörte ich sie oft in Sätzen wie *er het um ds Verrode nid wöuuen es früntlechs Wort fürebröösmele, er het trotz dr Hitz no um ds Verrode müessen uf dä Hoger ufelouffe* oder *mues die itz um ds Verrode grad dää hüraate*. Man findet sie in den meisten regionalen Mundartwörterbüchern, z.B. im «Berndeutschen Wörterbuch»: *um ds Verrode nid* «um keinen Preis»; im «Zürichdeutschen Wörterbuch»: *um s Verrode nööd* «um keinen Preis»; im «Innerrhoder Dialekt»: *oms Verode* «um alles in der Welt» und im «Obwaldner Mundart-Wörterbuch»: *ums Verrodä* «um jeden Preis».

Der Oberaargauer Mundartautor Jakob Käser schreibt in «Fyrobe» von 1940: «Das neuen aber, das het si um ds Verrode nid welle gwahne u het bi jedem Umgang b'brüelet, dass es eim dür Marg u Bei g'gangen isch.» Und bei Hanny Schenker-Brechbühl lesen wir in «Sami» von 1971: «Ums verrode wär es nid abghocket, gäb wis d Frou gheisse het.»

In all den Wörterbüchern finden wir auch den gleichbedeutenden Ausdruck *um (d)s Verrecke,* baseldeutsch *ums Verregge.* Weil er vulgär, also nicht salonfähig ist, darf man ihn nicht überall brauchen. Deshalb hat man dazu die sogenannte Hüllform *um (d)s Verrode* geschaffen, in der das anstössige Wort durch ein harmloses ersetzt ist.

Wenn wir fluchen oder Kraftwörter brauchen, setzen wir oft Hüllformen ein. Wir sagen *weiss dr Gugger* statt *weiss dr Tüüfel, botz Blitz* statt *Gotts Blitz, verflüemmeret* statt *verfluecht, gopferteli* oder *gopfertoori* statt *Gott verdamm mi.* Hüllformen wenden wir auch an, wo es um sprachlich sensible Bereiche geht. Wir sagen *Abort* «abgelegener Ort», *Abtritt* «Ort, wohin man abtritt, d.h. für kurze Zeit wegtreten muss», *Hüsli,* neuer *WC* oder *Klo* statt *Schiissi, Schishuus* oder irgendeine andere vulgäre Bezeichnung. Verhüllen ist also eine gängige Sprachpraxis.

Weshalb aber *um (d)s Verrode?* Weil *verrode* genau gleich beginnt, wie das ursprüngliche Wort *verrecke,* und so lautlich daran erinnert. Wie beim Fluch, der mit *gopf(er)-* beginnt und so an *Gott ver-* gemahnt. Für das Ende des Ausdrucks gibt es viele Varianten: *gopferteli, gopfertooria, gopferglemmi, gopfridstutz, gopfridstüdeli, gopfnamaal* oder einfach *gopf;* wir gehen in solchen Fällen gern spielerisch um mit der Sprache.

Verrode ist im Übrigen abgeleitet von *rode,* Ableitung und Grundwort mit der Bedeutung «sich rühren, bewegen». *Si het si nümme grodt* «sie hat sich nicht mehr bewegt» oder *er het ke Fuess verrodt* «er bewegte sich nicht von der Stelle» sagte man im traditionellen Landberndeutsch, das ich spreche. *Roden* «sich rühren, bewegen» ist ein veraltendes Wort, das nur im Oberdeutschen gängig war. Im Norden des deutschen Sprachraums kannte man es nicht. Es ist wohl verwandt mit *rütteln*.

Um ein Haar

Im Berndeutschen sage ich: *Itz hets mi bimene Haar ver-*
wütscht, wenn ich meine «jetzt hat es mich fast, beinahe, um
Haaresbreite erwischt». Ich könnte also behaupten, dass man
in der Mundart *bimene Haar* oder *bime Haar* sagt, im Hochdeutschen *um ein Haar: um ein Haar hätte es mich erwischt.*
Einer genaueren Untersuchung hält diese Behauptung nicht
stand. Das «Obwaldner Mundart-Wörterbuch» gibt für «beinahe» *bi menä Haar* und *um s Haar,* das «Baseldeutsch-
Wörterbuch» von Suter: *by aim Hoor* und *um e Hoor.*

Wir könnten nun annehmen, *bimene Haar* sei in der
Mundart älter und *um s Haar, um e Hoor* jünger und aus
dem Hochdeutschen übernommen. Das trifft die Sache wieder nicht, denn *um ein Haar* und *bei einem Haar* sind seit
dem Mittelalter belegt und man brauchte sie ursprünglich
nicht, um «beinahe, fast» zu sagen. *Um ein Haar* meint in
den ältesten Beispielen «haarbreit, ein kleines bisschen».
Beim Minnesänger Reinmar von Hagenau, der im 12. Jahrhundert schreibt «het ich der guoten ie gelogen / so gros als
umbe ein har – hätte ich über die Gute je gelogen so viel als
um ein Haar», meint *umbe ein har* «haarbreit, ein kleines
bisschen». «Er regete sich niht umbe ein har» meint im «Vä-
terbuch» aus dem 13. Jahrhundert «er bewegte sich nicht um
Haaresbreite, kein bisschen».

Die Redensart *bei einem Haar* brauchte man ursprünglich, um zu sagen, was wir heute mit *aufs Haar* ausdrücken,
nämlich «ganz genau, haargenau». In einem Zürcher Text
aus dem 15. Jahrhundert sagt Cläwy von Eich: «Du solt nit
von mir reden, daz ich dich beschissen hab, und gang mit
mir heim, so wil ich din wollen by einem har widergeben».
Er meint mit «by einem har widergeben» «haargenau zu-

rückgeben oder erstatten». Im niederdeutschen «Reineke Fuchs» von 1604 heisst es von der Astrologie, sie wolle «even weten by einem har / wo yde stedes geith dat gantze Jar», d.h. sie wolle «eben haargenau wissen / wo alles geschieht das ganze Jahr». Auch Luther braucht *bei einem Haar* im Sinn von «haargenau», wenn er in einer Predigt von 1549 von einer Nonne sagt, dass sie «Gesetz und werck» des Nonnenordens «bey einem har» erfüllt.

Sowohl in *um ein Haar* als auch in *bei einem Haar* wird die Haaresbreite als minimaler Abstand verstanden, der so gut wie nichts ist. Doch bereits im 16. Jahrhundert wird dieser Abstand in *bei einem Haar* uminterpretiert in «fast, beinahe». Georg Lauterbeck erzählt in seinem «RegentenBuch» von 1581, dass Lycaon, der König der Arkadier, den Jupiter «bey einem Haar […] geschlacht und gefressen» habe, und der Jesuit Georg Scherer berichtet in «Christliche Erinnerung» von 1484, dass böse Geister Menschen im «Burger Spittal bey einem haar erwürget und ertrosslet» hätten. Bis ins 19. Jahrhundert war *bei einem Haar* eine geläufige Form und in der Schweiz ist sie heute noch gebräuchlich, zum Beispiel in der «Aargauer Zeitung», wo wir am 21. März 2017 lesen konnten, dass die Laurenzenvorstadt «die Stadtkasse bei einem Haar in den Ruin getrieben» habe.

(Nicht) um ein Haar, später auch *(nicht) um ein Haar breit,* das sich im 18. Jahrhundert zu *um Haaresbreite* entwickelt: *nicht um Haaresbreite besser* (1784), behält bis ins 19. Jahrhundert die Bedeutung «(kein) Haar breit, kleines bisschen». Heinrich Bauer führt in seiner «Vollständigen Grammatik der neuhochdeutschen Sprache» von 1830 beide Bedeutungen auf, «kein bisschen» und «fast, beinahe»: *er ist nicht um ein Haar besser als jener, um ein Haar wäre ich ins Wasser gefallen.* Das Duden-Buch «Redewendungen» von 2002 trennt *um ein Haar* «fast, beinahe» von *nicht (um) ein Haar* «um nichts, überhaupt nichts».

Weil unsere Haare so fein sind, brauchen wir sie in bildlichen Ausdrücken also schon lange, um *beinahe, fast, ganz wenig, ganz und gar* oder *gar nicht(s)* zu sagen: *si gliiche sech uf ds Haar* «sie gleichen sich ganz und gar, zwischen ihnen ist kein Unterschied», *das isch mer hoorglich* «das ist mir ganz und gar egal», *das stimmt haargenau* «das stimmt ganz genau», *s chunt nüd uf es Haar aa* «es kommt nicht so darauf an, es kommt nicht aufs Detail an», *si het im kes Haar gchrümmt* «sie hat ihm gar nichts getan», *wart mer grad es Hääri* «warte noch eine kleine Weile», *i ha nid es Häärli gfunge* «ich habe gar nichts gefunden», *das nimmt mi kes Häärli wunger* «das interessiert mich nicht im geringsten», *du chaisch no so phoute, es nützt dr Haar rein nüüt* «du kannst noch so darauf bestehen, es nützt nichts» – *Haar rein nüüt* höre ich heute nicht mehr –, *si bewegt sech kes Haar* «sie bewegt sich überhaupt nicht». Im Hochdeutschen kann man noch *etwas haarklein erzählen* «etwas bis ins letzte Detail erzählen», *etwas haarscharf nachweisen* «etwas ganz genau nachweisen» und *um Haaresbreite einem Unglück entkommen* «ganz knapp einem Unglück entkommen».

Auch im Französischen kennt man *à un cheveu près* bzw. *d'un cheveu* «fast, beinahe, um Haaresbreite», im Italienischen *a capello* «haargenau, aufs Haar», *essere a un capello da* «um Haaresbreite von etwas entfernt sein» und im Englischen *by a hair* «ganz knapp», *to a hair* «haargenau», *by a hair's breadth* «um Haaresbreite».

Umwelt

Mit rasch zunehmender Deutlichkeit zeigt sich, dass *Umwelt* angesichts der Klimazerrüttung, in der wir stecken, und des Ökozids, den wir verursachen, ein Unwort ist. In ihm hat sich das Grundübel unserer Zivilisationsform verfestigt und in unseren Köpfen festgesetzt. Dass nämlich der Mensch als sogenannte Krone der Schöpfung allein im Zentrum des Daseins steht und alles andere, das ihm untertan zu sein hat, nach religiösen und philosophischen Dogmen, ihn als eine Art Beiwerk umgibt. Er kann es sich nach seinem Belieben aneignen, es manipulieren, ausbeuten und zerstören. Und die Philosophie fragt sich bis heute, ob und wie der ausserhalb von allem stehende Mensch diese Umwelt wahrnehmen kann. Solange wir das Dasein von dieser Warte aus betrachten, werden wir unfähig sein, uns ernsthaft der Aufgabe zu stellen, unser Überleben zu sichern.

Es gibt weder den Menschen und die *Umwelt* noch den Menschen und die *Natur*. Es gibt eine *Ökosphäre,* die alles pflanzliche, tierische und menschliche Leben umfasst sowie alles, das dieses Leben ermöglichte und möglich macht: die Materie, die Kreisläufe und die Netzwerke. Der Mensch ist Teil dieser Ökosphäre, und zwar durch seine Evolutionsgeschichte seit langer Zeit. Der Mensch hat in dieser Ökosphäre keine Privilegien. Er tut nur so, als hätte er sie.

Das Wort *Umwelt* hat keine lange Geschichte. Der Kluge, das «Etymologische Wörterbuch der deutschen Sprache», behauptet in seiner 24. Auflage von 2002, es sei im 19. Jahrhundert zuerst bezeugt beim Deutsch schreibenden dänischen Dichter Jens Baggesen (1764–1826) und hält sich damit an das «Deutsche Wörterbuch». Das ist nicht richtig. Wir begegnen ihm bereits gegen Ende des 18. Jahrhunderts. 1794 schreibt der Arzt Bernhard Christoph Faust in seinem «Gesundheits-Katechismus» von den «in der Umwelt gegebenen Lebensbedingungen» und meint mit *Umwelt* «die Welt, in der ein Mensch lebt; das, was ihn umgibt». 1798 braucht Wilhelm Abraham Teller *Umwelt* in seinem «Neuen Magazin für Prediger» im Gegensatz zu *Nachwelt* im Sinne von «die heutige, (den Prediger umgebende) Gemeinschaft». Die moderne biologische Bedeutung prägte der Zoologe Jakob Johann von Uexküll (1864–1944): «das, was ein Lebewesen aus seiner Umgebung aufnimmt, und das, was es in seiner Umgebung beeinflusst; Wechselwirkung zwischen Lebewesen und Umgebung». *Umwelt* ist für Uexküll also jener Teil des Ökotops, mit dem ein Lebewesen sich austauscht. Diese Bedeutung ist auf den Menschen in der heutigen Zivilisation, der fährt, fliegt und elektronisch kommuniziert, nicht mehr anwendbar.

In unserer heutigen Sprache hat sich das Wort *Umwelt* in zusammengesetzten Wörtern vervielfacht und verleitet uns auf mannigfache Weise zum falschen Denken, von *Umweltabgabe*, über *Umweltaktivist(in), Umweltauflage, Umweltbehörde, Umweltforschung, Umweltgesetzgebung, Umweltgipfel, Umweltkatastrophe, Umweltminister(in), Umweltpolitik* und *Umweltqualität* bis zu *Umweltschutz* und *Umweltschützer(in)*. Lesen wir diese Bezeichnungen, vermitteln sie uns das Gefühl, wir täten etwas für etwas anderes. Dabei ist, was *umweltschädlich* ist, auch für uns schädlich. *Umweltzerstörung* zerstört auch uns. Das Wort *Umwelt* sollte aus dem Vokabular einer ernstzunehmenden Diskussion um Fragen, die die *Ökosphäre* betreffen, gestrichen werden. *Ökosphäre* ist das Wort, das wir im Fachgespräch brauchen sollten. Und für das Alltagsgespräch bietet sich das wundervolle Wort *Lebensraum* an, verstanden als der Raum allen irdischen Lebens. Leider haben wir dazu die unsinnige Mehrzahlform *Lebensräume* gebastelt und sprechen vom Lebensraum einer Tierart, einer Pflanzengattung und einer Ethnie, weil unsere linke Hirnhälfte zerstückelt und in Schubladen ablegt, was nur ganz einen Sinn gibt: Der *Lebensraum* ist unteilbar. Iain McGilchrist hat das in seinem Buch «The Master and his Emissary. The Divided Brain and the Making of the Western World» (erweiterte Auflage 2019) meisterhaft beschrieben. Wie anders klänge es, wenn wir statt *Umwelt-katastrophe Lebensraumkatastrophe* und statt *umweltschäd-lich lebensraumschädlich* sagen würden!

Die Philosophie hat sich zu lange auf das beschränkt, was sie «Geist» nennt oder «Vernunft» oder, im älteren Vokabular, «das Unsterbliche» bzw. «die Seele». Der Körper wurde, wie in der Religion, aus diesem Denken ausgeschlossen. Der «wirkliche» Mensch ist in diesem Verständnis Geist; der Körper ist nicht viel mehr als ein komplexer Apparat. Aber über den Körper gehören wir der Ökosphäre an, sind Teil des einen, unteilbaren Lebensraums!

Beim Arbeiten im Garten habe ich über meinen Körper nachgedacht. Mir ist bewusst geworden, dass er sich mit der Erde vergleichen lässt, die ich bearbeite. In meiner Garten-erde hat es Wasser und Luft, wie in meinem Körper auch. In der Erde braucht es, wie in meinem Körper, Öffnungen und Kanäle, damit sie «atmen» kann. Die Erde ist geschichtet wie meine Haut auch. In meiner Gartenerde hat es Milliar-den von Mikroorganismen, wie in und auf meinem Körper. Die Erde ist aus organischen Verbindungen und Elementen aufgebaut, die in meinem Körper ebenfalls vorkommen. Meine Gartenerde und ich sind deutlich als Teil desselben Lebensraums erkennbar, wir tragen dieselbe Signatur.

Was ist der ins Universale strebende Geist ohne Körper, der uns zu Erdverbundenen macht? Eine Chimäre! Der Raum, in dem wir mit allen anderen Lebewesen leben kön-nen, der Lebensraum, ist eine dünne irdische Haut. Im Lock-down der Covid-Pandemie trösteten uns nicht universelle

Geister, sondern diejenigen, die Lebensmittel produzierten und zu uns brachten, Männer und Frauen, die uns pflegten. Viele klagten und hegten die unwahrscheinlichste aller Hoffnungen: dass es wieder so werde wie vorher. Gibt es ausser uns ein Tier, das hofft, dass es wieder so werde wie vorher? Es würde nicht überleben können.

Wer bin ich, wenn ich mich als Erdverbundenen definiere? Ich bin in die Kreisläufe und Netzwerke der Ökosphäre eingebunden. Ich muss Leben essen, sei es pflanzlich oder tierisch, damit ich leben kann. Ich muss Wasser trinken. Ich muss Luft atmen und bin auf den Sauerstoff angewiesen, den die Pflanzen produzieren. Ich muss ausbaden, was ich der Ökosphäre angetan habe. Die Zukunft kennt kein vorher. Ich muss meine Wünsche und mein Wollen vom Universellen abwenden und jener dünnen Haut zuwenden, die mich leben lässt und die ich mit allem, was dazu gehört, erhalten muss, damit auch Zukünftige leben können.

Unkraut vergeht nicht

Die Redensart *Unkraut vergeht nicht* oder *Unkraut verdirbt nicht* meinte ursprünglich «bösen, der Gesellschaft schädlichen Menschen geschieht nichts» oder, wie Karl Schiller in seinem «Wörterbuch der deutschen Sprache» von 1881 schreibt, «eine missrathene Person, welcher es gut geht». Johann Samuel Adami berichtet in seinen «Biblischen Ergetzligkeiten» von 1602, die Pest habe in einer Stadt viele dahingerafft, nur das Zuchthaus sei verschont geblieben, so «dass sich das Sprüchwort: Unkraut vergeht nicht / in der That und Wahrheit erfüllet befande».

Im theologischen Diskurs bezeichnet *Unkraut* seit Luther oft die «falsche Lehre», denn die richtige Lehre ist die gute Saat. Noch 1881 predigt Pfarrer Römheld über die richtige Lehre: «Unkraut verdirbt nicht, sagt das Sprichwort. Die gute Saat erfordert viele Mühe und Pflege, sie muss auch immer neu gesäet werden, und geräth dann oft doch nicht.»

Heute wird die Redensart meist auf scherzhafte Weise im Sinn von «ihm oder ihr wird schon nichts geschehen bzw. er oder sie wird sich behaupten» verwendet. Auf «insol-hh.de» lesen wir in einer Meldung vom August 2021 unter dem Titel «Neuer Job-Titel und das Leben als IT-Klempner»: «So wie man im Volksmund sagt ‹Unkraut verdirbt nicht›, geht es auch mit mir weiter.» «ndr.de» bespricht am 11. Juli 2021 den Auswandererfilm «Minari» und zitiert eine Grossmutter, die ihren Enkeln sinngemäss sagt: «Unkraut vergeht nicht, egal wo man es aussät.»

Ob es sich bei *Unkraut vergeht/verdirbt nicht* um eine deutsche Redensart handelt, lässt sich aufgrund der Belege, die mir vorliegen, nicht klar sagen, denn der älteste Beleg *malam herbam non perire* stammt aus den «Adagiorum»

(1520) von Erasmus von Rotterdam. Die lateinische Redensart ist jedoch nicht antik, sondern eine Renaissance-Schöpfung. Noch älter, nämlich aus Heinrich Bebels «Opuscula nova» von 1508, ist die verwandte Redensart *mala herba non facile marcescit* «Unkraut wird nicht leicht welk», mit dem Zusatz *dicitur item mala herba cito crescit* «das heisst auch: Unkraut wächst rasch». Dieser Zusatz weist auf einen alten Diskurs unter frauenfeindlichen katholischen Klerikern hin. Seit dem Augustin-Schüler Aegidius Colonna (um 1243–1316) werden Frauen als *mala herba* «Unkraut» bezeichnet, denn Colonna schreibt in seiner Fürstenschule, die rascher als Männer erwachsen werdenden Frauen seien *mala herba, quae cito crescit* «Unkraut, das rasch wächst». Diese Aussage wird oft wiederholt, z. B. von Henricus de Piro, der im Jahr 1480 Frauen als *mala herba cito crescit* «rasch wachsendes Unkraut» bezeichnet. In «Gepflückte Fincken» von 1667 lese ich:

«Gleich wie das Unkraut pflegt dem Weitzen vorzukommen // Also das Weibs Geschlecht / das von dem Mann genommen // Wächst viel geschwinder auff / weil sie nur Unkraut heissen. // Als pflegt der mänlich Leib / so doch allein zu preisen.»

Noch heute braucht man im Französischen die Redensart *mauvaise herbe croît toujours*, älter *mauvaise herbe croît volontiers*, um dasselbe auszudrücken, wie *Unkraut verdirbt nicht*. Ist *mala herba non perit* eine Ableitung von *mala herba cito crescit?* Das ist möglich, aber nicht beweisbar.

Den frühesten deutschen Beleg habe ich in der Sprichwörtersammlung (1539) des Humanisten Eberhard Tappe gefunden: «Unkraut vergehet nit». Einige Jahre später ist sie in Sebastian Francks Sprichwörtersammlung von 1548 mit einem Zusatz: «Unkraut verdirbt nicht / es kem ehe ein platz regen drauff». In Friedrich Petris «Der Teutschen Weissheit» von 1605 lesen wir: «Unkraut verderbt oder vergehet nicht /

es keme ehe ein Schlagregen drauff». Unter *Platzregen* oder *Schlagregen* verstand man einen Regen, der alles niederschlägt. Zusätze haben sich, auch in Mundartformen, bis ins 20. Jahrhundert erhalten. In zwei «Simplicissimus»-Ausgaben aus dem 17. Jahrhundert lesen wir: «Selten, (saget man im Sprichwort) verdirbt ein Unkraut, es müste eh ein Hund daran pissen.» Das «Schweizerische Idiotikon» führt 1894 folgende Formen auf: *Uchruut verdiirbt/stiirbt nüd, es chunt eender en Hund und seicht dra; Uchruut verdiirbt nüd, es schiisst ee en Hund druuf; Uchruut verdiirbt nüd, es goot eener es Regeli drüber.* Selten ist seit dem 18. Jahrhundert auch die Form *Unkraut stirbt nicht* belegt.

Uschaflig

Das Wort *uschaflig* hörte und brauchte ich in meiner Kinder-und Jugendzeit oft. Manchmal als Verstärkungswort mit der Bedeutung «sehr»: etwas konnte *uschaflig wee tue,* war *uschaflig tüür* oder jemand war *uschaflig starch* bzw. *uschaflig fräch.* Manchmal als Adjektiv mit der Bedeutung «stark, gross, ungehobelt»: *es uschafligs Gwitter* konnte Schaden verursachen, bei einem *uschaflige Chlapf zum Gring* verging einem Hören und Sehen und einem *uschaflige Kärli* ging man, wenn möglich, aus dem Weg. Dass ich über seine Herkunft nichts wusste, fiel mir erst auf, als ich in Christine Kohlers Buch «Der Himel i der Glungge» von 1992 las:

«Aber i frage mi scho, was me de mit dene uschaflig tüü-re nöie Flügerli wott usrichte, wenn würklech einisch so ne Ragete chunnt.»

Uschaflig, seltener *ugschaflig* ist die Mundartform eines alten Wortes, das in mittelalterlichen Quellen meistens *ungeschaffenlîche* geschrieben, vom Adjektiv *ungeschaffen* abgeleitet ist und letztlich auf das Wort *schaffen* zurückgeht. In mittelalterlichen Rechtsquellen geht es oft darum, dass jemand *ungeschaffenlîche* «unziemlich, auf hässliche Weise» gesprochen, geschimpft oder gesungen hat. Was *ungeschaffen* ist, ist «missgestaltet, hässlich, übel, roh», weil es keine akzeptable Form hat. *Un(ge)schaffenlich* ist in der Schriftsprache nach dem Mittelalter rasch veraltet, nur in der Sprache der Eidgenossen hat es sich stark entwickelt und ist in den Mundarten bis heute lebendig geblieben. Tatsächlich begegnen wir ihm in Quellen aus der frühen Neuzeit regelmässig. Der Basler Sebastian Münster berichtet in seiner «Cosmographia» von 1544 von der Wirkung starker Stürme im platten Land Flanderns:

«Wann der wind Corus / den die schiffleüt verteütschen Nordwest / seinen schwang nimpt / handlet er ungeschaffenlich an den mörstetten / dan er bewegt und erschüttet die bäum / und thürn / kirchen / und die grossen heüser / wirfft sie auch gar zuboden.»

«Benz war längst Allen als ein uschafflicher Mann bekannt», lesen wir in einem Berner Kalender von 1864. Noch am 2. Februar 2015 schreibt Klaus Zaugg auf «watson.ch» in einem Artikel über die SCL Tigers: «Scheitern die Langnauer, dann wird Jörg Reber hingegen ins Kreuzfeuer ‹unschafliger› Kritik geraten.»

Das Mundartwort *uschaflig* hat mehrere Bedeutungen. Seine Hauptbedeutung ist «ungestalt, unförmig, plump, schwerfällig (von Personen und von Sachen)»: *Dr David het dä uschaflig Goliath eifach bbodiget*. Oder auf den Bolliger Riesen Botti bezogen: *Em Botti si Schwöschter isch en uschaflegi Frou gsii*. Von der Körpergrösse und -form auf den Charakter oder das Wesen übertragen meint *uschaflig* auf Menschen und Tiere bezogen «ungezogen, ungehobelt, roh, brutal»: «Dr Gitibodejoggi sig dr uschafligscht Hung, wo füre chöm», schreibt Carl Albert Loosli in einem Text von 1910. Auch Gotthelf braucht *uschaflig* oft auf diese Weise, z.B. wenn er von einer Romanfigur schreibt, er sei «ein Uschafliger». Hierher gehört auch der Ausdruck *uschaflig tue* «sich ungehobelt, ungezogen, roh benehmen» oder «grob, brutal handeln»: *di het eso uschaflig taa, das eren au us Wääg sii*.

Weil *uschaflig* als Adjektiv oder Adverb Dinge oder Handlungen als ausser der Norm negativ charakterisiert und deshalb stark wirkt, entwickelte es sich zum wirksamen neutralen Verstärkungswort mit der Bedeutung «sehr», wie viele andere Wörter mit ursprünglich negativer Bedeutung, z.B. *verfluecht schöön, huere guet, cheibe gmögig, schampaar gäbig*.

Voll Tofu du Lauch

Beim Surfen im Internet kam ich zufälligerweise auf eine Internetseite, auf der Hoodies und T-Shirts mit dem Aufdruck «VOLL TOFU DU LAUCH» angeboten wurden. Ich verstehe wohl die Worte, aber den Sinn des Ganzen kann ich nur erahnen, denn weder ist mit *Tofu* das aus Soja gewonnene Lebensmittel gemeint noch mit *Lauch* das Gemüse. Das hat mit meinem Alter zu tun, aber auch damit, dass der Ausdruck nicht standardsprachlich ist und dass er je nachdem, wo man ihn braucht, etwas anderes meint. Aber was?

Es gibt keine einheitliche deutsche Jugendsprache. Deshalb sind Wörterbücher der Jugendsprache in der Regel wenig hilfreich oder sogar wertlos. Seit einigen Jahrzehnten untersuchen die heute weltweit kräftig vorangetriebenen *Urban Language Studies,* wie sich in vielsprachigen städtischen Regionen Sprachformen entwickeln und wie sie sich von Region zu Region unterscheiden. Will ein *Urbanes Wörterbuch* dieser Sachlage gerecht werden, muss es offen sein, mögliche Verwendungsweisen eines Wortes oder Ausdrucks sammeln und sie nach gewissen Kriterien geordnet oder ungeordnet den Benutzern zur Verfügung stellen. Sehr brauchbar ist das «Urban Dictionary» (urbandictionary.com), obwohl es weder die Belege ordnet noch Wiederholungen eliminiert.

Ich beginne mit der Anrede *du Lauch,* weil *Lauch,* das 2018 als Jugendwort des Jahres zur Wahl stand, einfacher zu erklären ist als *voll Tofu.* «familienbande24.de» erklärt *Lauch* so:

«Als Lauch wird ein Mensch bezeichnet, der schwächlich ist oder sich ständig trottelig anstellt. Der Begriff stammt aus der Rap-Kultur, bei der man sich gerne über seine (muskulösen) Körperattribute identifiziert – Menschen, die blass oder schwächlich sind, werden im Rap gerne als Lauch tituliert.»

Auch das «Urban Dictionary» definiert den *Lauch* als schwache Bohnenstange:

«A person who is very slim and tall, hasn't got any muscles and acts like a coward or pussy. A Lauch looks like a beanstalk and is very weak.»

Ein zweiter Eintrag bezeichnet den *Lauch* als *a little bit nerdy* «ein wenig doof, vertrottelt».

Nachzutragen ist, dass Rapper Kollegah dem Szenenwort *Lauch* einen fragwürdigen ideologischen Dreh gibt, weil für ihn nur Machos *Alpha* sind und alle anderen Männer, insbesondere die nicht heterosexuellen, *Lauch*.

Nicht klar ist, ob das deutsche Slangwort *Lauch* eine Lehnübersetzung ist von englischem *leek,* das der «Urban Thesaurus» (urbanthesaurus.org) unter vielen möglichen Bedeutungen auch mit «idiot, loser» übersetzt.

Voll Tofu ist weit schwieriger zu verstehen, denn der Ausdruck ist sehr vieldeutig. In einem Chatroom, in dem sich die Teilnehmer über die Vorteile von Flohmärkten unterhalten, schreibt jemand: «Aber ist ja auch voll tofu und so, selbst wenns mal teurer sein sollte.» Da scheint *voll Tofu* «ganz ok» zu meinen. Hingegen ist auf «rhetorik.ch» zu lesen, dass mit *Tofu* «etwas, das schiefgegangen ist» gemeint sein kann. Das lässt sich verbinden mit einem Eintrag im «Urban Dictionary», in dem *Tofu* als Abkürzung für «totally fucked up» gedeutet wird. *Voll Tofu du Lauch* liesse sich deshalb übersetzen mit «voll daneben, beschissen, am Arsch du Schwächling».

Zwei andere Einträge bezeichnen *Tofu* als Abkürzung für «totally foolish» bzw. «too old for you». Beide lassen sich mit dem abschätzigen *du Lauch* weit weniger gut verbinden. Das Englische kennt zudem den Ausdruck *to go full tofu.* Er meint ursprünglich «sich streng vegan ernähren», «streng vegan kochen» oder «ganz auf Fleisch verzichten», im übertragenen Sinn als Redensart verwendet, jedoch «konsequent sein, aufs Ganze gehen». Ein Auto kann in einem Rennen *go full tofu*. Auch das passt nicht zu *du Lauch*.

Ebenso wenig scheint in den Kontext von *voll Tofu du Lauch* zu passen, dass mit *Tofu* laut «Urban Dictionary» verschiedene Menschentypen bezeichnet werden können, nämlich ein «Ekel, Langweiler», ein «Opportunist, Anpasser», ein «linksliberaler Elitist» oder eine «Person mit grosser Ausstrahlung».

Im Bereich sexueller Handlungen und Praktiken ist das Wort *Tofu* ausserordentlich vieldeutig. Ich will nicht allzu sehr ins Detail gehen, doch scheint mir im besprochenen Zusammenhang die Tatsache wichtig zu sein, dass *Tofu* sowohl «lesbischen Sex» als auch «oralen Sex» bezeichnen kann, d. h. Sex ohne Penetration. Dazu passt, dass ein «Wörterbuch der Jugendsprache» von 2014/15 wirbt mit dem Satz: *Na, gestern wieder erfolgreich paar Schinken angebraten oder alles voll Tofu,* was sich aus Macho-Perspektive übersetzen liesse mit «na, gestern wieder richtigen Sex gehabt oder nicht».

Voll Tofu du Lauch lässt sich meines Erachtens verstehen als «voll daneben, beschissen, am Arsch du Schwächling» oder, versteht man es als sexuelle Anspielung, «du bist nicht fähig zu bumsen, du Memme». Nicht zu überhören ist, dass *urban talk* oft einen Zug ins Vulgäre hat.

Weg vom Fenster sein

Kürzlich erzählte mir eine Frau, sie habe gehört, dass die Redensart *weg vom Fenster sein* aus Gegenden komme, in denen viele Männer im Bergbau arbeiteten. Die Männer hätten sich beim Arbeiten eine Staublunge geholt, dann nicht mehr arbeiten und zuhause nur noch krank aus dem Fenster schauen können. Seien sie weg vom Fenster gewesen, habe man gewusst, dass sie gestorben seien. Diese Erklärung ist auch nachzulesen unter «sprichwoerter-redewendungen.de». Sie lässt sich nicht belegen und scheint mir arg konstruiert und erfunden, denn *weg vom Fenster sein* meint nur im übertragenen Sinn «gestorben sein, tot sein», die ursprüngliche Bedeutung ist laut dem Duden-Buch «Die deutsche Sprache» von 2014: «(von der Öffentlichkeit) nicht mehr beachtet sein, abgeschrieben, nicht mehr gefragt sein» oder «entlassen sein», wie Christian Kneifels Buch «Weg vom Fenster» von 1976 zeigt, denn der Untertitel lautet: «Berichte und Erzählungen über Entlassungen und Arbeitslosigkeit in der BRD».

Der Ausdruck *weg vom Fenster,* der meint, was man mit ihm sagt, ist seit dem 18. Jahrhundert in literarischen Texten gang und gäbe. Wir begegnen ihm in der Posse «So prelt man Füchse, oder Wurst wider Wurst» von 1777: «Koralline. (am Fenster.) Sind Sie's, mein liber Herr? (und gleich drauf weg vom Fenster.)» In der «Schlittenfarth» (1780) von Leopold Friedrich Günther von Goeckingk, wo Adlerkant, «der sonst so leicht nicht weint, / mit Thränen weg vom Fenster musste gehen.» In Alois Berlas Posse «Der Dumme hat's Glück», in der Marianne sagt: «Jetzt hat er ihn! – Schnell weg vom Fenster!» Und in Oskar Maria Grafs «Wir sind Gefangene» von 1928: «Maul halten! Weg vom Fenster! Weg!»

Doch die Redensart ist umgangssprachlich und jung. Das schreibt bereits Lutz Röhrich in seinem «Lexikon der sprichwörtlichen Redensarten», das 1973 erstmals erschienen ist:

«Neuere Redensart, die besagt, dass jemand nicht mehr ‹gefragt› ist, d. h. ausser Kurs, ohne Einfluss, ohne Stimme ist, vor allem als Politiker, Wirtschaftsmanager, Künstler, Wissenschaftler und – wie der ältere Arbeitnehmer – beruflich nicht mehr erwünscht, abgemeldet, erledigt ist. Ursprünglich war die Redensart vor allem im Showgeschäft geläufig, z. B. bei Schlagersängern. Daher liegt die Annahme nahe, dass mit dem Fenster die Öffentlichkeit gemeint ist, zumal die Wendung sich in erster Linie auf alle im öffentlichen Leben stehenden Personen bezieht.»

Für die Redensart *weg vom Fenster* habe ich vor 1950 keinen Beleg gefunden. Im Jahr 1950 schreibt Wilhelm Olbrich in einem Romanführer von «Typen, die in der Firma weg vom Fenster waren». In den «Schriften des Vereins für Socialpolitik» lesen wir 1957, man werde «bald auch auf diesem für die Zukunft so entscheidend wichtigem Gebiet nur noch das sein, was man gemeinhin ‹weg vom Fenster› nennt». «Mit 17 war ich berühmt und mit 24 war ich weg vom Fenster», soll die Schauspielerin Ilse Werner (1921–2005) gesagt haben.

In seinem Buch «Soldaten-Deutsch» von 1970 behauptet Bert Holt *weg vom Fenster* sei soldatensprachlich und erläutert:

«Weg vom Fenster ist, wer durch eigene Leistung oder fremder Leute Unwillen einer Sache gerupft oder ungerupft entkommen ist. Wer eine Strafe bekommt, kann für einige Zeit *weg vom Fenster* sein; aber auch, wer sich vor dem Nachtmarsch drücken konnte, ist *weg vom Fenster*.»

Weg vom Fenster sein meint hier «sich (für eine Weile) dem Dienstbetrieb entzogen haben». Leider kann Holts Behauptung nicht belegt werden. So scheint mir Lutz Röhrichs

Erklärung, für die sich viele Belege finden lassen, sachgerecht. Die Redensart *weg vom Fenster* hat sich wohl aus dem oft verwendeten Ausdruck *weg vom Fenster* entwickelt. Die Geschichte mit dem Bergbau können wir hingegen getrost vergessen. Sie ist erfunden.

Wer zuerst kommt, mahlt zuerst

Am 27. Juni 2002 lesen wir im «Handelsblatt»: «Arbeitgeber dürfen Urlaub nicht allein nach dem Motto ‹Wer zuerst kommt, mahlt zuerst› bewilligen.» Und das «Westfalen-Blatt» vom 26. Januar 2023 berichtet über den Vorverkauf des Handballclubs TuS N-Lübbecke für die folgende Saison unter dem Titel «Wer zuerst kommt, mahlt zuerst!» Die Redensart mit der Bedeutung «wer zuerst kommt, ist zuerst an der Reihe» hat eine lange Geschichte. In seiner Sammlung deutscher Redensarten von 1545 schreibt Eberhard Trappe als Übersetzung von lateinisch *qui primus venerit, primus molet* «wer erst zuo der mülen kompt / der malet erst». Auch in den «Politica practica» von 1691 behandelt Johann Christoph Wagenseil «dann wer erst zu der Mühle kommt, der mahlet zum ersten» als Redensart, denn er übersetzt damit lateinisches *melius esse praevenire, quam praeveniri* «es ist besser jemandem zuvorzukommen, als dass einem jemand zuvorkommt».

Im frühesten Beleg, den wir kennen, ist die Sentenz aber keine Redensart, sondern ein Rechtsgrundsatz, der wohl vor allem zum Zug kommt, wenn jemand in der Mühle ein Vorrecht beanspruchen will, das ihm gar nicht zusteht. Wir finden ihn in dem von Eike von Repgow verfassten Landrecht, dem «Sachsenspiegel» aus den 1220er-Jahren, im Artikel 59 des zweiten Buches. Der Paragraf 3 dieses Artikels handelt vom Verkehr von Wagen auf Strassen und Brücken und bestimmt, dass derjenige, der zuerst mit einem beladenen oder leeren Wagen zu einer Brücke gelangt, die Vorfahrt haben soll. Der anschliessende Paragraf 4 lautet dann: «Die ok irst to der molen kumt, die sal erst malen.» Eike von Repgow hat wohl einen älteren, in einer Volkssprache mündlich formulierten Rechtsgrundsatz erstmals aufgeschrieben. Er hatte Bestand bis ins 18. Jahrhundert. In einer österreichischen Quelle von 1752 wird der alte Wortlaut bereits als Redensart zitiert:

«Hat der grund-herr in dem mallen keines vorzugs vor anderen sich zu vertrösten, sondern nach gemeinen sprichwort: wer ehe komt, der mallet ehe, ist er gehalten die ordnung zu beobachten, es wäre dann, dass er neben der oberherrschaft auch das nutzbare eigenthum der mühle besitzete.»

Der im «Sachsenspiegel» formulierte Rechtsgrundsatz wurde schon früh zu einer Redensart in vielen europäischen Sprachen. Etwas älter als der «Sachsenspiegel»-Beleg ist eine lateinische Fassung in den gegen Ende des 12. Jahrhunderts entstandenen Sprüchen aus dem Kloster Schäftlarn: *Qui capit ante molam, merito molit ante farinam* «Wer zuerst bei der Mühle anlangt, mahlt das Mehl mit Recht zuerst». Vermutet wird, dass sie aus einer Volkssprache übersetzt wurde, wobei unklar ist, ob sie als Rechtsgrundsatz oder als Redensart aufzufassen ist. Der erste sicher bezeugte Redensarten-Beleg stammt aus den um 1386 entstandenen «Canterbury Tales» des Dichters Geoffrey Chaucer, und zwar aus «The Wife of Bath's Prologue»: *Whoso that first to mille comth, first grynt*. Es wird vermutet, dass Chaucer die Redensart aus einer französischen Quelle des späten 13. Jahrhunderts übernommen hat, wo sie lauten soll: *qui ainçois vient au molin ainçois doit moldre*. Doch dieser Beleg ist erst im 18. Jahrhundert bezeugt und kann nicht direkt verifiziert werden. Um 1475 findet man die Redensart in den «Paston Letters»: *For who comyth fyrst to the mylle, fyrst must grynd*, und bereits im 16. Jahrhundert begegnen wir der heute gängigen kurzen Version *first come, first served*.

Die Redensart war und ist noch heute weit verbreitet, weil sie früh in lateinischen Redensartensammlungen erschien, vorab 1528 in den ungeheuer wirksamen «Adagiorum» von Erasmus von Rotterdam. *Primus veniens, primus molet,* lesen wir dort, mit der Bemerkung, dass die Redensart aus der Gesetzgebung für die Müllerei stamme. André Alciat übersetzt in seiner «Bonne Résponce» von 1547 italienische Sprichwörter ins Französische, darunter auch *chi prima va al molin, prima masena* «qui premier vient au moulin, premier engrene». In den «Proverbia teutonica» (1558) von Nicolaus Tacitus Zegers finden wir einen frühen niederländischen Beleg: *Die eerst coempt / die eerst maelt*, Hieronymus Megiser legt 1592 nach mit *welcher vorkompt / der malt vor* und *voren comt / voren maelt*. Im «Institutionum Linguae Turcicae» gibt Hieronymus Megiser die Redensart in vier Sprachen: Türkisch: *Evuel uran ocks dur, songra uran bocgi dur,* Lateinisch: *Qui primus venerit, primus molet,* Deutsch: *Wer ehe kömpt / der mahlt ehe* und Italienisch: *Chi prima arriva, prima macina.* Die lateinische Erklärung dazu lautet: *Qui prior est tempore, potior est jure* «wer eher in der Zeit ist, ist besser im Recht». Jacob Serenius setzt im «Dictionarium Anglo-Svethico» von 1734 hinter englisches *first come, first serv'd* schwedisches *den som först kemmer til qwarn får först mala.*

Die heute gängige deutsche Form *wer zuerst kommt, mahlt zuerst* wird in der Zeit um 1700 üblich. Jetzt gibt es auch verbreitete Spielformen *wie wer zuletzt kommt, mahlt zuerst; wer zuerst kommt, küsst zuerst; wer zuerst kommt, kriegt die Braut* und *wer zuerst kommt, heiratet zuerst.*

Wo Fuchs und Hase einander
gute Nacht sagen

In Simon Gfellers Roman «Heimisbach» von 1910 sagt ein Spötter zu Hämme: «So gang doch gäge dym Grabe zue, wo d'Füchs u d'Hasen enangere Guet Nacht säge!» Susy Langhans-Maync braucht in ihrem Roman «Am vorletschte Rank» von 1983 einen ähnlichen Wortlaut, wenn sie vom «Rösi ufem Land, wo sech Füchs u Hase Guetnacht säge» schreibt. Ein *Ort, wo Fuchs und Hase einander gute Nacht sagen* oder *wo sich Fuchs und Hase gute Nacht sagen,* ist ein «weit abgelegener, einsamer Ort». Die Redensart ist auch in der Standardsprache heute noch allgemein bekannt. In der «Badischen Zeitung» vom 27. Dezember 2013 lese ich: «Wo sich bislang Fuchs und Hase ‹Gute Nacht› sagen, zwischen Bühl und Baiersbronn», und in der «Luzerner Zeitung» vom 23. Juni 2021: «In Holzhäusern, wo zwischen Erdbeerfeldern und Golfpark Fuchs und Hase einander ‹Gute Nacht sagen›.» Der Wildnispark Zürich wirbt hingegen mit dem Slogan «Wo sich Füchse gute Nacht sagen».

Die Redensart wird seit knapp vierhundert Jahren überliefert und hat viele verschiedene Formen. Immer werden dabei Tiere genannt, die den Menschen meiden, und immer lautet der zweite Teil der Redensart *einander gute Nacht sagen,* älter *einander gute Nacht geben*. Der älteste Beleg, der mir vorliegt, stammt aus dem «Wendunmuth» von 1563 des Landsknechts und Barockdichters Hans Wilhelm Kirchhof: «Wo die Eulen und Kautzen einander gute Nacht geben». Sie taucht im gleichen Wortlaut wieder auf in der Sprichwörtersammlung von 1669 des Nürnberger Ratsherrn Heinrich Seybold. Wander nimmt in seine Sprichwörtersammlung im 19. Jahrhundert «wo Katzen und Eulen einander gute Nacht geben» auf, wobei ich annehme, dass «Katzen» ein Verschreiber von «Kautzen» ist. Grimmelshausen braucht im «Simplicissimus» von 1671 die Form «allwo die Wölffe einander gute Nacht geben». In Hobbhans «Kehrwisch» von 1711 ist es der Ort, «wo jetzund die Wölff und Füchs einander gut Nacht geben», im «Seraphischen Feld-Lerchlein» von 1734, «dass gleichsam Füx und Wölff einander gute Nacht sagten». Die Hasen tauchen 1719 bei Johann Hoffmann nicht mit Füchsen, sondern mit Hunden auf: «Wo der Hund und die Hasen einander gute Nacht sagen.» Die Füchse und die Hasen finde ich erstmals in einem deutsch-lateinischen Wörterbuch von 1766: «Wo die Füchse und Hasen einander gute Nacht geben (ein abgelegener Ort).» Erst in Wilhelm von Chezys «Grossem Malefizbuch» von 1874 tauchen die Füchse allein auf: «Wo die Füchs' einander gut' Nacht geben.» Bis ins 19. Jahrhundert wurden noch viele verschiedene Varianten überliefert; heute dominiert die Form *wo Fuchs und Hase einander gute Nacht sagen*. Gotthelf brauchte sie 1850 im Roman «Die Käserei in der Vehfreude»: «Wo die Hasen und Füchse einander gute Nacht sagen.»

Wer diese Redensart geprägt hat, ist nicht bekannt. Das englische *where fox and hare bid each other good night* und das französische *là où renard et lièvre se disent bonne nuit* gelten als Übersetzungen aus dem Deutschen.

Woher kommt der Joggeli, der Birli schütteln sollte?

Tief eingeprägt hat sich mir der Joggeli, der *Birli schüttle* sollte. Nicht zuletzt deshalb, weil ihn die bildende Künstlerin und Schriftstellerin Lisa Wenger, mit Hampelfiguren illustriert, 1908 im Berner Francke Verlag und 1910 unter dem Titel «Vom ungehorsamen Jockel» im Leipziger Verlag Waltrop auch hochdeutsch herausgegeben hat. «Joggeli söll ga Birli schüttle!» und «Hüt isch wider Fasenacht, wo-n-is d'Muetter Chüechli bacht» sind die einzigen Arbeiten der zu ihrer Zeit sehr populären Autorin, die bis heute verbreitet und bekannt sind.

Der Komponist Franz Tischhauser machte aus der Joggeli-Geschichte 1986 eine «Hampeloper» für elf Vokalisten, drei Chorgruppen und kleines Orchester. Im Jahr 2009 erschien der zweiminütige Animationsfilm «Joggeli söll ga Birli schüttle!» von Kaspar Flückiger.

In der ersten Auflage von 1908 lautete die Geschichte:

Es schickt der Her der Joggeli us,
Er söll ga Birli schüttle.

Joggeli wott nid Birli schüttle,
D'Birli wei nid falle.

Da schickt dr Her es Hündli us,
Es söll der Joggeli bysse.

Hündli wott nid Joggeli bysse,
Joggeli wott nid Birli schüttle,
D'Birli wei nid falle!

Da schickt der Her es Stäckli us,
Es söll das Hündli haue.

Stäckli wott nid Hündli haue,
Hündli wott nid Joggeli bysse,
Joggeli wott nid Birli schüttle,
D'Birli wei nid falle!

Da schickt der Her es Füürli us,
Es söll das Stäckli brönne.

Füürli wott nid Stäckli brönne,
Stäckli wott nid Hündli haue,
Hündli wott nid Joggeli bysse,
Joggeli wott nid Birli schüttle,
D'Birli wei nid falle!

Da schickt der Her es Wässerli us,
Es söll das Füürli lösche.

Wässerli wott nid Füürli lösche,
Füürli wott nid Stäckli brönne,
Stäckli wott nid Hündli haue,
Hündli wott nid Joggeli bysse,
Joggeli wott nid Birli schüttle,
D'Birli wei nid falle!

Da schickt der Her es Chälbli us,
Es söll das Wässerli lappe.

Chälbli wott nid Wässerli lappe,
Wässerli wott nid Füürli lösche,
Füürli wott nid Stäckli brönne,
Stäckli wott nid Hündli haue,

Hündli wott nid Joggeli bysse,
Joggeli wott nid Birli schüttle,
D'Birli wei nid falle!

Da schickt der Her der Metzger us,
Er söll das Chälbli stäche!

Metzger wott nid Chälbli stäche,
Chälbli wott nid Wässerli lappe,
Wässerli wott nid Füürli lösche,
Füürli wott nid Stäckli brönne,
Stäckli wott nid Hündli haue,
Hündli wott nid Joggeli bysse,
Joggeli wott nid Birli schüttle,
D'Birli wei nid falle!

Da schickt der Her der Hänker us,
Er söll der Metzger hänke!

Metzger wott jitz Chälbli stäche,
Chälbli wott jitz Wässerli lappe,
Wässerli wott jitz Füürli lösche,
Füürli wott jitz Stäckli brönne,
Stäckli wott jitz Hündli haue,
Hündli wott jitz Joggeli bysse,
Joggeli wott jitz Birli schüttle,
D'Birli wei jitz falle.

Weil der Henker, vor allem auch in der Zeit vor und während des Ersten Weltkriegs, als Figur Anstoss erregte, veranlasste der Verleger Alexander Francke, dass die Geschichte einen neuen Schluss erhielt, der sich bis heute in den Neuauflagen des Cosmos Verlags erhalten hat. Anstelle des Henkers tritt jetzt der Meister in Aktion:

Da geit der Meischter sälber us,
Und geit ga räsoniere.

Metzger wott jitz Chälbli stäche,
Chälbli wott jitz Wässerli lappe,
Wässerli wott jitz Füürli lösche,
Füürli wott jitz Stäckli brönne,
Stäckli wott jitz Hündli haue,
Hündli wott jitz Joggeli bysse,
Joggeli wott jitz Birli schüttle,
D'Birli wei jitz falle.

Die Joggeli-Geschichte ist eindeutig ein Kettenmärchen, denn neben Joggeli und den Tieren handeln auch Dinge: ein Stock, ein Feuer und Wasser. Die Geschichte stammt nicht von Lisa Wenger, sie ist anonym überliefert. Das zeigt schon ein Blick in Gertrud Zürichers «Kinderlieder der deutschen Schweiz» von 1926. Sie führt achtundzwanzig Versionen der Joggeli-Geschichte aus vielen Gegenden der Deutschschweiz auf. In der Regel verlaufen sie wie die revidierte Version von Wenger mit denselben Akteuren im Mittelteil: Hund, Stock, Feuer, Wasser, Kalb und Metzger, wenn die Reihe nicht vorher abbricht, wie in einer Luzerner Version, die vom *Joggeli* über das *Hündeli*, das *Chnebeli* und das *Fürli* bis zum *Wässerli* abschnurrt und abrupt endet mit einem vom Bauern ausgeschickten zweiten *Hündli:*

Do schickt de Bur es Hündli us,
Sell go Bäumli schüttle,
Do sind die guete, guete Birli gfalle.

In einer Oftringer und zwei anderen Aargauer Versionen tritt neben dem *Joggeli* auch ein *Anneli* auf:

214

Der Bur schickt der Joggeli uf,
Joggeli söll go Birli schüttle,
Anneli söll go drunter ligge,
D'Birli sölle falle.
Joggeli wott nid Birli schüttle,
Anneli wott nid drunter ligge,
D'Birli wend nid falle.
usw.

Am Schluss bringt nach dem Metzger nicht immer der
Meister alle zur Räson. Manchmal soll der Henker den
Metzger hängen, der Schinder ihn töten, der Teufel ihn holen
oder fressen oder Soldaten sollen ihn zwingen und damit
erreichen, dass die Akteure willig werden. In einigen Versionen folgen nach dem Metzger der Henker und der Teufel,
der Henker und der Meister oder sogar der Henker, der Teufel und der Meister.

In Jeremias Gotthelfs Roman «Zeitgeist und Berner Geist»
von 1851 nimmt der Erzähler den Joggeli zu Hilfe, der bei ihm
Hansli heisst, um ungerechte Rechtspraktiken zu kritisieren:

«‹Hansli soll gah Birli schüttle, d'Birli wei nit falle; da
schickt d'r Bur es Hündli us, es soll d'r Hansli bysse; das
Hündli wott nit Hansli bysse, d'r Hansli wott nit Birli schüttle, d'Birli wei nit falle. Da schickt d'r Bur es Knütteli us, es
soll gah Hündli prügle! Knütteli wott nit Hündli prügle,
Hündli wott nit Hansli bysse, Hansli wott nit Birli schüttle,
d'Birli wei nit falle.› Es schickte der arme Bauer umsonst
Feuer aus, das Knütteli z'brenne, Wasser, das Füürli z'lösche,
es Geissli, das Wasser z'sufen, e Metzger, das Geissli
z'metzge, er musste Birli Birli sein lassen und am Ende froh
sein, wenn der Metzger ihn nicht für das Geissli ansah und
ihn unters Messer nahm.»

Wie Lisa Wenger auf den Joggeli-Text gekommen ist, wissen wir nicht. Er lag zu ihrer Zeit in verschiedenen populä-

ren Versionen vor. Sprachlich nur wenig von Wengers über-
arbeiteter Version ohne Henker unterscheidet sich der Text
im neunten Band von Karl Simrocks «Die deutschen Volkslieder gesammelt und in ihrer ursprünglichen Echtheit wie-
derhergestellt» von 1856. Hier beginnt das Kettenmärchen
mit dem Zweizeiler «Joggeli soll go Birrli schüttle, / D'Birrli
wend nüdd falle.» Dann folgen das «Hündli», das «bisse»
soll – das «Bengeli», das «prügle» soll – das «Fürli», das
«brenne» soll – das «Wässerli», das «lösche» soll – das
«Chälbli», das «löggle» soll – der «Metzger», der «steche»
soll und schliesslich der «Herr», der «räsonniere» geht, worauf alle gehorchen. Aufgenommen hat diesen Text mit wenigen Veränderungen der Mundartschreibung Otto Sutermeister in seine «Sammlung deutsch-schweizerischer
Mundart-Literatur» von 1886 im ersten Heft, das dem Kanton Zürich gewidmet ist.

Viel stärker weicht die Version in Ernst Ludwig Roch-
holz' «Alemannischem Kinderlied und Kinderspiel aus der
Schweiz» von 1857 am Anfang von Wengers Text ab. In ihr
ist Anneli Mitspielerin. Sie beginnt umständlicher mit «Es
hät en Herr es grosses Hûs, / er hät en Birebaum vorne dûss, /
er schickt go Birle schüttle; / Joggeli wott nit Bire schüttle, /
Anneli wott nit drungger liegge, / d'Birrli wennt nit falle.»
Dann folgen «Hündeli», «Chnebeli», «Für'li», «Chälbeli»,
«Metzger», «Henker» und schliesslich das «Tüfeli», das den
Henker «hole» soll, worauf alle gehorchen. Wenger muss
also eine Version mit dem Henker bekannt gewesen sein,
Francke hat eine Korrektur nach Simrock oder Sutermeister
verlangt.

Andere zu ihrer Zeit vorliegende Versionen sind hoch-
deutsch, wie «Der Bauer und seine Birnen» in Grisshammers «Lesebuch für die Unterklassen der Volksschulen» von
1846. «Der Herr, der schickt den Jacob hinaus, / Jacob sollt'
Birnen schütteln» in Hermann Frischbiers «Preussische

Volksreime und Volksspiele» von 1867. Und «Es schickt der Baur das Jaggele aus, / Soll die Birnen schütteln» in Ignaz Vinzenz Zingerles «Sitten, Bräuche und Meinungen des Tiroler Volkes» von 1871. In Joseph George Meinerts «Alte teutsche Volkslieder in der Mundart des Kuhländchens» von 1817 liegt «Birnlein will nicht fallen» in deutschböhmischer Mundart vor: «Pauer scheickt dan Bube naus, / Sol dos Biennle schiettle; / Bube wiel ni Biennle schiettle, / Biennle wiel ni folle» usw. In Anton Birlingers «Nimm mich mit!» von 1871 «Jokele got ge Bira schittla» auch in schwäbischer Mundart. Im zweiten Band von Jean-Baptiste Weckerlins «Chansons populaires de l'Alsace» von 1883 ist der Joggeli elsässerdeutsch mit französischer Übersetzung: «Der Mäischter schickt der Jockele üsse, / Soll geh Bierä schiddle, / D'Bierä wän' nid fallä, Jühe, / d'r Jokele will nit heime geh».

Eine sehr eigentümliche Version ist das beim Lambertussingen im norddeutschen Münster gesungene Lied, das nach einer Aufzeichnung aus dem Jahr 1954, die im Westfälischen Volkskundearchiv aufbewahrt wird, wie folgt lautet:

Der Herr der schickt den Jäger aus,
er soll die Birnen schmeissen.
Jäger will keine Birnen schmeissen,
Birnen wolln nicht fallen,
der Jäger will nicht sammeln
und kommt nicht nach Haus,
und kommt nicht nach Haus.

Nach dem Jäger schickt der Herr den Pudel aus, den Knüppel, das Feuer, das Wasser, den Ochsen, den Metzger und schliesslich den Teufel:

Da schickt der Herr den Teufel aus,
er soll sie alle holen.

Metzger will wohl Ochsen schlachten,
Ochse will wohl Wasser saufen,
Wasser will wohl Feuer löschen,
Feuer will wohl Knüppel brennen,
Knüppel will wohl Pudel schlagen,
Pudel will wohl Jäger beissen,
Jäger will wohl Birnen schmeissen,
Birnen wolln wohl fallen,
der Jäger will wohl sammeln
und kommt auch wohl nach Haus,
und kommt auch wohl nach Haus.

Das Lambertusfest zu Ehren des Namenspatrons der Lambertikirche ist nicht alt, es wird Ende des 18. Jahrhunderts erstmals erwähnt. Die erste mir bekannte gedruckte Fassung des Liedes liegt in «Münsterische Geschichten, Sagen und Legenden» von 1825 vor.

Jockele oder Jockel geht aber nicht immer Birnen schütteln, er geht auch Haber oder Hafer schneiden. Diese Variante ist häufiger überliefert. In der Zeit von 1740 bis 1900 liegt der ganze Text in über zwei Dutzend Sammlungen volkstümlicher Texte, Rätsel- und Spielbüchern sowie wissenschaftlichen Abhandlungen in verschiedenen Versionen vor. Im neunten Band von Karl Simrocks «Die deutschen Volksbücher» von 1856 lautet der Anfang:

Der Herr der schickt den Jockel aus,
Er soll den Hafer schneiden,
Der Jockel schneidet den Hafer nicht
Und kommt auch nicht nach Haus.

Darauf schickt der Herr den Pudel, den Prügel, das Feuer, das Wasser, den Ochsen, den Schlächter, den Henker und den Teufel aus. Aber sie richten nichts aus. Schliesslich geht er selbst «und macht gar bald ein End daraus», worauf alle gehorchen, Jockel nun endlich den Hafer schneidet und nach Hause kommt. Meistens ist derjenige, der befiehlt, der Herr, seltener der Bauer oder der Müller. Zum Haferschneiden wird meistens der Jockel, Jäckel oder Jackel ausgeschickt, vereinzelt auch der Peter, der Schneider, der Michel oder der Martin. Die Hafer-Variante hat wie die Birnen-Variante am Schluss unterschiedliche Akteure; es fällt jedoch auf, dass bei wenigen Versionen am Schluss alle Akteure sich weigern zu tun, was sie müssten. Bemerkenswert ist eine um einen Prosatext erweiterte, illustrierte Version «Der faule Jokel oder das Haberschneiden. Lustiges Mährlein für muntere Kinder», die 1855 in Nürnberg erschienen ist. Möglich wäre, dass Lisa Wenger sie kannte und dadurch zum Entschluss kam, «Joggeli söll ga Birli schüttle» zu illustrieren.

Von der Hafer-Variante liegt keine Fassung in schweizerdeutscher Mundart vor. Jedoch weist Reinhold Köhler in seinem Beitrag «Der Bauer schickt den Jäckel aus» (1860) darauf hin, dass die Hafer-Variante im norddeutschen Platt verbreitet war. Ein westfälischer Text beginnt mit den Worten:

De Haer de schickt den Jahen ût,
he soll den Hawer meien,
de Jahen meit den Hawer nich
und kümt auk nich te Hûse.

Auf den Jahen folgen der Pudel, der Prügel, das Feuer, das Wasser, der Ochse, der Schlächter, der Strick und schliesslich die Maus:

De Mûs terbît dat Strick,
dat Strick dat hangt den Schlächter,
de Schlächter schlacht den Ochsen,
de Osse sûpt dat Water,

dat Water löskt dat Füer,

dat Füer brennt den Prügel,

de Prügel prügelt Pudel,

de Pudel bît den Jahen,

de Jahen meit den Hawer

und aolles kümt te Hûse.

In einer verwandten Oldenburger Version kommt nach
der Maus noch die Katze ins Spiel, welche die Maus fressen
soll, was dann der Reihe nach alle dazu bewegt, ihren Auftrag zu erfüllen. Eine aus dem heute hessischen Waldeck
stammende Version beginnt zwar mit «De Heere de schikked
den Jochen ut, / de sall den Hawer mäggen», worauf Pudel,
Knüppel, Feuer, Wasser, Ochse, Schlächter, Strick ausgeschickt werden, ohne dass am Schluss eine Figur die Verwei-
gerer zur Räson bringt. Eng verwandt mit dem Jockel-Ket-
tenmärchen ist auch das flämische «Pouledinnetje en
Pouledannetje», die ausgeschickt werden, um Holz zu sammeln, worauf sie sich weigern. Es folgen Hund, Stock, Feuer,
Wasser, Ochse, Tau, Ratte, Katze und schliesslich ein altes
Männchen, das alle zur Räson bringt.

Der früheste Hinweis auf eine deutschsprachige Jockel-
Geschichte stammt aus dem 16. Jahrhundert, denn 1575 erwähnt der Strassburger Johann Fischart in seiner «Affen-
theurlich Naupengeheurlichen Geschichtklitterung», einer
Übersetzung von Rabelais' «Gargantua», im Spielverzeich-
nis des 25. Kapitels «Der Baur schickt sein Jockel auss». Wir
wissen leider nicht, soll er Birnen schütteln, Hafer mähen
oder etwas anderes tun.

Schon früh wurde vermutet, dieses Kettenmärchen, das
in unterschiedlichen Versionen in vielen Sprachen vorkommt, sei jüdischen Ursprungs. Im Jahr 1768 erschien die
«Sammlung Jüdischer Geschichten, welche sich mit diesem
Volk in dem XIII. und den folgenden Jahrhunderten bis auf

MDCCLX. in der Schweiz von Zeit zu Zeit zugetragen». Geschrieben hat sie der Zürcher Fraumünster-Pfarrer Johann Caspar Ulrich. Das fünfte Kapitel lautet «Anmerkungen über einige alte jüdische Oster-Lieder etc. Deren Angedenken sich bis auf den heutigen Tag erhalten hat, als ein Anhang zu denen Zürcherischen Juden-Geschichten». Ulrich berichtet vom «alten Oster-Lied der Juden», das er «Ein Zickelein, ein Zickelein» nennt und in deutscher Sprache so wiedergibt:

Ein Zickelein, ein Zickelein, das hat gekauft das Väterlein, um zwey Pfenniglein. Ein Zickelein, ein Zickelein.

Da kam das Kätzelein, und ass das Zickelein, das da hat gekauft mein Väterlein, um zwey Pfenniglein. Ein Zickelein, ein Zickelein.

Da kam das Hündelein, und biss das Kätzelein, das da hat gegessen das Zickelein, das da hat gekauft mein Väterlein, um zwey Pfenniglein. Ein Zickelein, ein Zickelein.

Da kam das Stöckelein, und schlug das Hündelein, das da hat gebissen das Kätzelein, das da hat gegessen das Zickelein, das da hat gekauft das Väterlein, um zwey Pfenniglein. Ein Zickelein, ein Zickelein.

In diesem Zählmärchen folgen, wie wir es aus den Jockel-Geschichten kennen, auf das Hündchen und das Stöckchen das Feuerchen, das Wässerchen, der Ochse und der Schochet (Metzger). Auf den Schochet folgen der Malach Hammavet (Engel des Todes) und der liebe Gott im Schlussabschnitt:

Da kam der lieber Herr Gott, und schechtet den Malach Hammavet, der da hat geschechtet den Schochet, der da

221

hat geschechtet den Ochsen, der da hat ausgetrunken das Wässerlein, das da hat verlöscht das Feuerlein, das da hat verbrennt das Stöckelein, das da hat geschlagen das Hündelein, das da hat gebissen das Kätzelein, das da hat gegessen das Zickelein, das da hat gekauft mein Vätterlein, um zwey Pfenniglein. Ein Zickelein, ein Zickelein.

Ulrich ist überzeugt, dass aus diesem jüdischen Osterlied «Joggeli söll ga Birli schüttle» entstanden ist. Er erklärt, das Lied müsse den christlichen Zürcher Bürgerkindern, die mit den Judenkindern Umgang pflegten, bekannt gewesen sein. Das habe Anlass gegeben, «die Juden zu vexiren und denen Christen Kinderen, zu ihrem zeitvertrieb, dieses noch heut zu Tage bekannte Lied aufzusetzen»:

Es ist ein Baum im Gärtli hinne
D'Birren wänd nüd fallen
Da schückt de Bur de Joggeli usen
Er soll die Birren schüttlen
Joggeli will nüd d'Birren schüttlen
D'Birren wänd nüd fallen.

Da schickt der Bur es Hündli usen
Es soll de Joggeli bisse
Hündli will nüd Joggeli bissen –

Da schickt der Bur es Steckli use
Es soll das Hündeli schlah
Steckli will nüd Hündeli schlah –

Da schickt der Bur es Fürli use
Es soll das Steckli brennen
S'Fürli will nüd Steckli brennen –

222

Für Ulrich ist «Joggeli söll ga Birli schüttle» eindeutig eine Parodie auf «Chad Gadja», wie das jüdische Osterlied genannt wird. Die neue Forschung widerspricht dieser Behauptung, da «Chad Gadja» erst im 16. Jahrhundert in die Pessach-Haggada aufgenommen worden ist, also in der Zeit des frühesten Jockel-Belegs in Fischarts «Geschichtklitterung». Amit Naor antwortet im reich illustrierten Artikel «Is ‹Chad Gadja› the First Children's Song in Recorded History?» von 2020 auf «blog.nli.org.il/en/lbh_chad-gadya-children/» auf die Frage, ob die jüdische oder andere Volkstraditionen älter seien: Wie im Fall einer Volksüberlieferung zu erwarten, gebe es keine abschliessende Antwort. Ähnliche Motive tauchten in Geschichten aus Japan, Griechenland und sogar aus Südamerika auf. Explizit erwähnt er «Joggeli söll ga Birli schüttle», das «Chad Gadja» auffallend ähnlich sei, ohne jedoch auf das verwandte «Jockel soll den Haber schneiden» einzugehen.

Wollen wir nichts übers Knie brechen, bleibt uns nur folgender Schluss: «Joggeli söll ga Birli schüttle» ist zusammen mit «Jockel soll den Hafer schneiden» Teil einer seit dem hohen Mittelalter belegten, weit verbreiteten Kettenmärchen-Tradition, die im deutschen Sprachraum seit dem 16. Jahrhundert bezeugt ist. Aus dieser Tradition schöpft auch das jüdische «Chad Gadja»-Lied, das ebenfalls im 16. Jahrhundert in die Pessach-Haggada aufgenommen wurde, aber wohl einer mediterranen Überlieferungslinie entstammt, der auch das Lied «Alla Fiera Dell'Est» von Angelo Branduardi zuzurechnen ist.

Soll noch jemand behaupten, Kinderverse seien naive Nichtigkeiten, die nichts mit Literatur zu tun hätten!

Christian Schmid
Da hast du den Salat
Geschichten zur Sprache und Kultur der Küche
288 Seiten, gebunden

Jemanden in die Pfanne hauen. In Teufels Küche kommen.
Einen Sprung in der Schüssel haben. Viele Redensarten ent-
stammen der Küchensprache, genauso wie der Erbsenzähler,
die Gigelisuppe, die trübe Tasse. Was ist ein Halunkensalat?
Ein Liebesapfel?

Christian Schmid
Nur die allergrössten Kälber
wählen ihren Metzger selber
Unsere Tiere in der Sprache
328 Seiten, gebunden

Bunter Hund. Hornochs. Alpenkalb. Ich glaub, mich tritt ein
Pferd. Da mues ja nes Ross lache. Ist die Katze aus dem
Haus, tanzen die Mäuse auf dem Tisch. Es Gsicht mache wi
ne Chatz, wes donneret. Die Redensart im Titel des Buchs
stammt ursprünglich nicht von Bertolt Brecht (wie oft behauptet wird), sondern von Christian Wiedmer, im Jahr 1850
Redaktor des «Emmenthaler Wochenblatts». Weshalb der
Mann für diesen Satz vier Tage ins Gefängnis musste, steht
auch in diesem Buch.

www.cosmosverlag.ch